図書館情報学
を学ぶ人のために

逸村 裕／田窪直規／原田隆史［編］

世界思想社

まえがき

　図書館は記録された知識を未来に伝える役割を担ってきた。数千年前の知識が 21 世紀まで伝わっていることは奇跡に近く，図書館があったからこそ人類は進歩してきたのである。人類はたくさんの知識を生み出してきたが，たとえ有益な知識であっても，何かに記録し，保存しなければすぐに消えてしまう。今この瞬間に世界に存在する知識は，古来より受け継がれてきたものであり，現代に生きる私たちの知識を加え，未来に受け継がれていく。

　図書館情報学は司書の仕事を体系化するところから始まった学問であるが，社会の変化に応じて，より広い「知識共有現象」を対象とする学問に発展してきた。知識が人びとのあいだで，社会のなかで，歴史をとおして，伝達され，共有されていく様を現象として捉えようという視座は図書館情報学特有のものである。

　本書は図書館情報学をこれから学ぶ人を対象として，図書館情報学ではどのようなテーマが扱われているのか，どのような手法で研究するのかを理解できるように，図書館情報学をさまざまな側面から解説した。本書の特長は以下の 3 点である。

　1 点目の特長は，図書館情報学にかかわる多様なテーマを「知識の伝達と共有」という文脈で一貫して配列・解説したことである。従来の図書館情報学の入門書・概説書は，各種の説明を図書館中心に論じがちであった。本書は，「知識の伝達と共有」という視座で図書館情報学を幅広く解説した世界初の試みであり，図書館情報学の魅力を伝えるテーマを優先的にとりあげている。

　2 点目の特長は，「図書館から知識へ」と向う流れのなかで，「知識共有現象」をダイナミックに論じたことである。本書の第 1 部か

ら第5部に進むにしたがって図書館の説明を少なくし，知識の説明の比率が高まるようにしている。特に第3部から第4部に進むとき，知識の説明に大きく舵をきっている。ただし，図書館とは必ず関連を持たせている。さらに，将来，情報専門職をめざす人のために司書とテクニカルコミュニケーターに関する基本情報を資料編に掲載した。

3点目の特長は，部内の章の順番にもそれぞれ意味を持たせたことである。第1部は図書館が誕生し，それが学問として成立する理由や過程を解説した。第2部では館種の違いを説明したうえで，それらが実は国の政策のもとに行われていることを示した。第3部は図書館の社会的意味，空間的意味，心象的意味，学習的意味を並列に描くことで，図書館の多面性を提示した。第4部では知識という曖昧模糊なものが，言語化することで記録として残り，社会的資源になっていく過程を説明した。第5部は知識共有現象の場がインターネットに拡大したことを受けて，新しいかたちの知識が登場したことを解説した。

本書は，読者が興味を持った章から読むこともできるが，できれば第1章から順番に読み進めてほしい。順番にページをめくる中で，関連する事柄が徐々につながっていく興奮が味わえるはずである。読み終わったときに図書館情報学に対するイメージが少しでも広がっていれば，本書の目的は達成されたといえる。

編者一同

目次

まえがき　　i

第1部　知識の宝庫, 図書館

第1章　図書館の誕生と変貌　　呑海沙織　　2

1　駱駝の図書館／2　粘土と葦と図書館の源流／3　巻子本から冊子本へ／4　紙とグーテンベルク／5　中世の修道院図書館と鎖からの解放／6　すべての人々に開かれた図書館へ

第2章　本が生まれる場所, 育つ場所　　永江朗　　12

1　出版社の仕事／2　製紙・印刷・製本／3　取次の仕事／4　再販制と委託制／5　読んだ本はどこへいくか　古書の世界とリサイクル／6　電子書籍と流通

第3章　偉人たちの知識はそこにある　　逸村裕　　23

1　大学図書館は知識の根っこ／2　学術情報基盤の機能／3　オープンアクセスと機関リポジトリ／4　未来を志向する学術情報基盤

第4章　図書館情報学からみる図書館の姿　　根本彰　　32

1　図書館情報学とは何か／2　ヨーロッパ系の図書館情報学／3　日本の図書館情報学／4　新しい「図書館」

第 2 部　図書館の舞台裏

第 5 章　公共図書館のサービス　　池内淳　46

1　市民にもっとも近い公共施設／2　貸出サービス／3　予約と返却を受け付ける／4　延滞された資料を督促する／5　プライバシーを保護し，蔵書を構築する／6　どこにいても使えるサービス

第 6 章　大学図書館の仕事と経営　　中山伸一／加藤信哉　57

1　大学図書館って何をしているところ？／2　大学図書館の経営／3　大学図書館事務長の仕事と悩み／4　大学図書館長の仕事と悩み

第 7 章　学校図書館の活動　　平久江祐司　67

1　日本の学校図書館の発展／2　学校教育と学校図書館／3　学校図書館活動の実際／4　学校図書館の経営とは／5　学校図書館担当者の役割と資質／6　将来の展望

第 8 章　国が考える図書館政策　　溝上智恵子／毛利るみこ　77

1　図書館政策とは何か／2　生涯学習・社会教育の振興と公共図書館／3　高等教育改革と大学図書館／4　これからの図書館政策

第3部　図書館のある知的な社会

第9章　マイノリティを支援する図書館　　吉田右子　　90

1　マイノリティグループと図書館サービス／2　移民・難民への図書館サービス／3　性的マイノリティへの図書館サービス／4　先住民への図書館サービス／5　マイノリティ利用者への図書館サービスを支える理念／6　なぜ図書館がマイノリティへのサービスを行うのか

第10章　知識が活性化する場所　　三森弘　　102

1　図書館に求められる新しい役割／2　大学図書館によるアクティブラーニング支援／3　学生にとっての「ラーニングコモンズ」／4　気づきを誘発する「武蔵野プレイス」／5　建築が果たす役割・可能性

第11章　人々のイメージのなかの図書館

松林麻実子　　113

1　小説や映画に登場する図書館／2　内容分析とは：人々の語りを分析する方法／3　「図書館」に対するイメージの分析／4　ふたたび小説や映画に登場する図書館

第12章　ネット社会の青少年と図書館　　鈴木佳苗　　123

1　青少年のメディアと図書館の利用／2　情報探索や問題解決におけるインフォメーション・リテラシー／3　インフォメーション・リテラシーの育成／4　総合的リテラシー育成の展開

第 4 部　図書館の向こうに広がる知識の宇宙

第 13 章　知識はどこにあるのか　　横山幹子　　136

1　知るということ／2　知識の外在化／3　言語による伝達／4　記録による知識共有

第 14 章　分類を通して知識の体系をとらえる

　　　　　　　　　　　　　　　　　　　　　緑川信之　　146

1　知識の体系と分類／2　知識の配列順序／3　知識の構造／4　動的分類は可能か

第 15 章　知識を探す仕組み：書誌情報　　田窪直規　　156

1　書誌情報とはなにか：商品カタログと目録を通じて／2　書誌記述とアクセス・ポイント／3　書誌コントロール／4　ウェブの世界の書誌情報と書誌コントロール／5　書誌情報・書誌コントロールの未来とセマンティック・ウェブ

第 16 章　社会と文化の記憶　　白井哲哉　　168
　　　　　　　　　　　　　　　水嶋英治

1　「記録」されたものの本質／2　記憶と記録を伝えるアーカイブズ／3　古文書の世界とアーカイブズの発展／4　記録文書を保存する／提供する方法／5　標本と芸術作品／6　文化財としての記録資料／7　知識と命名法

第5部　21世紀の技術が示す知識のカタチ

第17章　1億件のデータから必要な情報を探し出す技術

原田隆史　180

1　もはやひとつの図書館だけでは資料を集めきれない／2　収集したデータの事前加工はなぜ必要なのか／3　大量データの高速処理：コンピュータも索引を使う／4　コンピュータを高速にするための仕組み／5　検索システムの高度化はさまざまなところで

第18章　検索と推薦の技術　関洋平　191

1　商用サイトにおける図書推薦／2　図書館における図書推薦の課題／3　電子書籍とソーシャルリーディング／4　ユーザの嗜好を活用した大学図書館における推薦技術

第19章　知識をリンクする技術　高久雅生　201

1　次世代のウェブから考える／2　セマンティック・ウェブの技術的基盤／3　つながるデータとその応用例／4　これからのウェブとつながる知識

第20章　世界の知識に到達するシステム　宇陀則彦　214

1　電子図書館の夢／2　ディスカバリサービスの登場／3　図書館の本質／4　ドキュメントによる知識共有現象／5　未来の図書館

資料編

資料編1　司書になるためには　　大庭一郎　　226

図書館の種類／司書資格の取得方法／司書教諭資格の取得方法／図書館情報学を学べる大学／司書の就職先と就職方法／図書館情報学の学びを活かせる職場

資料編2　テクニカルコミュニケーターとは　　三波千穂美　　234

テクニカルコミュニケーション（TC）とは／TCの現在／テクニカルコミュニケーターの知識・技術

索引　　241

第1部
知識の宝庫，図書館

Libraries as treasury of knowledge

第 1 章

図書館の誕生と変貌

呑海沙織

1 駱駝の図書館

　東アフリカに位置するケニアでは，図書館に行くことができない子どもたちに本を届けるために，駱駝が蔵書を運んでいる。砂漠の船と呼ばれる駱駝は長時間，水や食べ物を摂ることなく重い荷物を運ぶことができる。ケニアの子どもたちは，駱駝が運んだ図書館の蔵書を，アカシアの木陰で選び，借りて読む。

　一方，1000年以上昔のペルシアでも，駱駝が蔵書を運んでいた。ペルシアの首相アブドゥール・カッセム・イスマイールは，12万冊に及ぶ蔵書を駱駝に載せて運んでいたとされる。駱駝の隊列は，背に載せられた本の題名に基づいて編成された。蔵書を運ぶ400頭もの駱駝は，アルファベット順に並んで歩くよう，訓練されていたという。

　長い歴史をもつ図書館は，時代とともに大きく変貌してきた。しかし，その役割の根幹は変わらない。駱駝の図書館はいずれも，私たちに変わらない図書館の役割を教えてくれる。本や雑誌といった記録メディアを通じて，知識・情報と人を結びつけるだけでなく，知識・情報の発信者である人と受信者である人を結びつけるという役割である。この意味において，物理的な意味での「館」は必須ではない。また，図書館において記録メディアは単に「収集」「保存」されるだけではない。効果的・効率的に「提供」するために，「整理」されていなければならない。

図書館や記録メディアはいつどのような姿で生まれたのだろう。現在の姿になるまで，どのような変貌を遂げてきたのだろう。本章では，記録メディアと図書館の誕生，そしてその変貌についてみていきたい。

2　粘土と葦と図書館の源流

粘土板の図書館

　人類の歴史のなかで，いつ図書館が誕生したのかは定かではない。しかし，文明が起こり，文字が生まれ，文字を記録したメディアを保管する必要から，必然的に図書館が生まれたことは想像に難くない。こうして誕生した図書館は記録メディアとともに，時代や地域に応じて変化しつづけている。

　「図書館」ということばから，どのような情景を眼に浮かべるだろう。紙でできた冊子状の本が並べられたたくさんの書架を思い浮かべるのではないだろうか。ところが古代において，その様相はまったく異なるものであった。

　たとえば紀元前7世紀アッシリアのアッシュール・バニパル王の図書館では，記録メディアとして粘土板が収集されていた。ティグリス川とユーフラテス川に挟まれた肥沃なメソポタミアでは粘土が豊富に採れたため，粘土板が文字を記録するメディアとして使われていた。粘土板は，紀元前3000年頃から紀元のはじめ頃まで3000年以上にわたって古代メソポタミアで使用された古代の代表的な記録メディアである。柔らかい粘土に葦などの茎で楔形文字が刻まれ，長期保存が必要な場合は，乾燥あるいは焼成された。粘土板は，保存性に優れるという長所をもつ一方で，かさばる記録メディアであった。

パピルスの図書館

　一方，古代エジプトでは，記録メディアとしてパピルスが生産されていた。パピルスは，カヤツリグサ科の葦に似たパピルス草の茎を裂いたものを薄い板状にたたきのばし，重ねあわせて作られる。長い文書を記録するときには，何枚ものパピルスがつなぎあわされて巻物の形状，つまり巻子本として利用された。

　パピルスは，古代エジプトから10世紀頃まで約3500年の間，エジプトだけでなく，古代ギリシアやローマにおける主要な記録メディアとして重要な役割を果たした。軽いという利点をもつが，耐久性が低いという，記録メディアとしては大きな難点がある。特に湿気に弱く，乾燥していない気候での長期保存は困難を極めた。また，生産地が主にエジプトに限られており，ギリシアやローマでは輸入する必要があった。

　紀元前3世紀，プトレマイオス1世によってエジプトのアレクサンドリアに学問所ムセイオンが建設され，アレクサンドリア図書館が併設された。アレクサンドリア図書館ではパピルスの巻子本が収集されるだけでなく，作製されていた。あらゆる分野の本が収集されたこの図書館の蔵書数は，70万巻にも及んだとされる。蔵書は，内容を識別するために端に札などをつけて，整理棚に積み重ねられていた。この図書館の蔵書を分類し，著者名順に排列した全120巻に及ぶ目録ピナケスは，学者カリマコスによって編纂された。

3　巻子本から冊子本へ

羊皮紙の誕生

　紀元前2世紀頃，新たな記録メディアが現れた。羊や山羊の皮をなめして作る，羊皮紙である。パピルスの輸出が禁止されたことから，ペルガモン王国で羊皮紙を記録メディアとして使うことが考案されたと伝えられている。その後，羊皮紙は古代から中世のヨー

ロッパにおいて，代表的な記録メディアとなった。

　羊皮紙には，パピルスに比べて多くの文字を記録できる。パピルスには通常，繊維が横に走る表面にのみ文字が書かれるが，羊皮紙には両面に書くことができる。また羊皮紙は，パピルスに比べて耐久性が高いため，記録された知識や情報をパピルスよりも長く保存し，後世に伝えることができた。他方，制作に高いコストがかかった。たとえば，16世紀のオランダの出版人プランタンによる8巻から成る多言語版聖書13部には，1万6000匹もの羊が必要だったという。

コデックスの発明

　折りや曲げに弱いことから，パピルスは主に巻子本のかたちで利用された。対して羊皮紙は，穴をあけ，紐を通して綴じることに耐える強度があったため，冊子体に成形することができた。手で書き写された冊子体の本は，コデックスと呼ばれるが，初期のコデックスは1世紀から2世紀頃よりみられる。

　キリスト教の聖書には，早くからコデックスが取り入れられていた。布教に使うために丈夫で便利な記録メディアが必要であったためである。くるくると巻かれた巻子本は，はじめから順番に読む場合には支障ないが，途中に書かれている特定の箇所を探したり，読みたい部分をすぐに見たりするには不便である。

　巻子本はやがて冊子本へ，パピルスは羊皮紙へと徐々に置き換えられていった。4世紀になると，キリスト教関係の本はコデックスが主流の記録メディアとなり，パピルスでできた巻子本は減少していった。この形状の変化にともない，巻子本には存在しえなかった頁の概念や目次や索引など，現在の本の慣習ができあがった。コデックスの発明は，本の歴史のなかでも革命的なものであったといえる。

4　紙とグーテンベルク

製紙法の発達と広がり

　アジアに目を転じると、古代中国では紙の発明以前、甲骨、竹、木、絹などが記録メディアとして使われていた。竹や木を短冊形に削り、獣の皮や糸で綴じたものは竹簡・木簡と呼ばれ、紀元前1000年頃から使われはじめたと考えられている。

　紙がいつ発明されたかは定かではないが、現存する最古の紙は、中国甘粛省で発見された放馬灘紙であり、紀元前2世紀頃のものであると推定されている。『後漢書』によると、紙は105年に蔡倫が発明したとされるが、実際にはその頃、記録メディアに適した紙を考案したものと考えられる。甲骨や竹より軽く、絹より安価な紙は、記録メディアとして中国国内で普及し、3世紀末頃から広く使われるようになった。

　製紙法は極秘とされ、8世紀まで1000年以上もの長い間、極東の国々によって独占されていた。『日本書紀』によると、日本へは高句麗の僧曇徴によって610年に伝えられた。その後、独自の改良が加えられ、高品質の「和紙」として発達した。

　製紙法が極東の外へ流出する契機となったのは、751年のタラス河の戦いであるとされる。イスラム軍は、唐の支配下にあった中央アジアのサマルカンドを占領し、製紙法は唐の捕虜からイスラム教徒に伝えられた。その後、サマルカンドに製紙所が建てられ、紙が大量に生産されるようになった。当時のアラビア地方では、記録メディアとして羊皮紙やパピルスが用いられていたが、製紙が盛んになるにつれ、紙がその座にとって代わることとなった。

　製紙法は、8世紀末にはペルシアへ、900年頃にエジプトへ伝わった。パピルスの生産地であったエジプトにおいても、その記録メディアとしての優位性から、紙がパピルスに代わって使われるようになった。製紙法は、11世紀にはアフリカ北部から地中海沿岸

へと伝わり，ヨーロッパへ伝播したのは12世紀中頃である。まずスペインに上陸し，フランスへ，13世紀にイタリア，14世紀にドイツ，オーストリア，15世紀にイギリスなどへ広まり，15世紀にはヨーロッパ全土へと広まった。

活版印刷の普及

　製紙法が伝えられた頃，ヨーロッパではルネサンス期を迎えようとしていた。羊皮紙の本に比べて軽くて小さい紙の本として制作された人文主義者たちの著作は，彼らの考えを広める重要な役割を果たした。他方，宗教や政治の世界では，公文書類には紙ではなく羊皮紙を用いるべきであるという考え方が根強かった。しかし，15世紀半頃にドイツで開発された活版印刷術が，紙を急速にヨーロッパに普及させることになる。

　活字を使った印刷術は，中国で11世紀中頃に発明されたとされるが，ヨーロッパでは15世紀半ばに，グーテンベルクが活版印刷術を考案したとされる。紙は羊皮紙より活版印刷に適していたため，活版印刷術とともに普及した。

　活版印刷術は，紙でできた記録メディアを介する知識や情報の伝達速度を急速に上げたといえる。のちに宗教改革に結びつくなど，社会に大きな変革をもたらした。

5　中世の修道院図書館と鎖からの解放

中世の修道院図書館

　少し時代をさかのぼり，キリスト教が強く社会に根づいていた中世ヨーロッパの修道院の図書館を振り返ってみよう。修道院は，キリスト教の修道士や修道女が戒律に基づいて共同生活を行う場所である。6世紀から8世紀にかけて，ヨーロッパ全土に修道院が設立され，中世における学芸の中心となった。中世ヨーロッパにおいて

は，大量の本を所蔵する主たる場所は，修道院だけであったといっても過言ではない。

　カトリック教会最古の修道会であるベネディクト会は，6世紀に聖ベネディクトによって創設された。修道士の生活の指針である「聖ベネディクトの戒律」では，修道士は一定の時間を労働に充てるとともに，他の一定の時間を読書に割くことが定められた。ベネディクト会では本を書き写すことが義務づけられており，本を書き写す場所として書写室が設置されるとともに，書き写して作製された写本を保管する場所として図書館が設置された。活版印刷術が普及する前の中世においては，本は基本的に手で書き写して作られるものであった。

　中世の修道院において初めて書写室を設けたのは，6世紀中頃，南ローマにビバリウム修道院を創設したカシオドルスであったとされる。この修道院では，写本の組織的な収集が行われ，書写や翻訳が行われた。書写や翻訳の対象とされたのは，宗教に関連する本だけでなく，古代ギリシア・ローマのあらゆる古典であり，このような収集方針は，のちの修道院図書館の手本となった。修道院図書館に所蔵されていた写本は数百冊程度であり，各館で考えるとその規模は大きくない。しかし，それぞれの修道院図書館で分散的に収集・保存されて後世へ受け継がれることによって，のちのルネサンスのうねりへとつながっていったことは特筆すべきだろう。修道院図書館は，15世紀半ばの活版印刷術の確立まで，キリスト教関連の教義だけでなく，古代ギリシア・ローマの文化を後世へ伝える社会的装置として重要な役割を果たしたといえる。

　ところで中世における本は，たいへん貴重で高価なものであった。知識を学び伝える実用品としてだけではなく，愛でて楽しみ，権力を誇示するための芸術品としての価値をもつものであった。高価な羊皮紙に文字が書かれただけではなく，華美な挿絵や装飾が施され，外装に宝石をちりばめた装飾写本もみられる。したがって，図書館

の蔵書は教科書的に使われるもの以外は，基本的に館内利用に限られていた。

大学図書館の誕生

12世紀以降，ヨーロッパ各地に大学が誕生すると，本の利用への需要が増加した。そのため，よく利用される蔵書は，鎖でつないで提供されるようになった。貴重で希少な蔵書を盗難や紛失から防ぐためである。鎖付き本は，書見台につながれたり，近くの閲覧机に届くほど長い鎖で書架につながれたりした。貴重で高価な本の「提供」と「保存」を両立する苦肉の策であったといえる。

なお，本を鎖から解き放ったのは，活版印刷術であると考えることができる。活版印刷術の普及によって，大量に同一の複写を行うことが可能になり，本の物理的な希少性が薄れたことがその一因であると考えられる。

6　すべての人々に開かれた図書館へ

このように，古代や中世の図書館の姿は，私たちが現在，思い浮かべる図書館の姿と大きくかけはなれている。蔵書は粘土や植物，獣の皮でできており，巻物のかたちをしていたり，鎖でつながれていたりした時代もあった。また図書館の利用者も，王族や貴族，研究者や学生，修道士などごく一部の人々に限られていた。しかし今，私たちが日常で使う図書館はどうだろう。

子どもからお年寄りまで地域の住民すべてに無料で開放され，その運営の一部あるいは全部が公費でまかなわれている図書館は，「公立図書館」と呼ばれる。公開性，無料制，公費負担をその要件とする公立図書館が歴史に登場するのは，近代の英米である。

1833年，米国ニューハンプシャー州に，世界初といわれる公立図書館が設置された。ピーターボロ図書館である。この図書館には

設立当初から公的資金が投入され，一般に無料で公開されていた。

1848年，公立図書館設置の権限をボストン市に付与するマサチューセッツ州法が成立した。公立図書館の設置を認める初の州法であり，ボストン市が市民のための図書館を設置し，公費を投じることができるようになった。1854年，この州法のもとに，米国大都市における最初の公立図書館となるボストン公立図書館が設置された。また，図書館規則では，一定の条件を満たすことによって，家庭での読書のために無料で図書を借り出すことができると定められた。

その後，他州においても公立図書館法が制定され，各地に公立図書館が普及した。図書館の増加にともない，専門的スキルをもつ図書館員（librarians）の必要性が高まり，1876年に米国図書館協会が結成されるとともに，1883年には，コロンビア大学に図書館専門職のためのプロフェッショナル・スクールである図書館学校が設置された。

一方，英国でもほぼ時を同じくして，図書館に関する法整備が進められた。1848年，大英博物館の図書館員であったエドワーズは，ロンドン統計学会で「欧米における主要な図書館の統計的考察」を発表し，人口1人あたりの蔵書冊数が，英国は42か国中41位であるという衝撃的な事実を指摘した。

この論文に刺激された下院議員ユアートの提案によって，1849年，下院に「公共図書館の設置を促進する方策に関する特別委員会」が設置された。この委員会は早くも同年，報告書を提出し，英国には図書館が少ないため，職工学校やコーヒーハウスなどの読書施設が「自力で」設置されていること，つまり，英国では図書館の需要があるにもかかわらず，質量ともに，整備されていないことを明らかにした。1850年，ユアートが下院に提出した公立図書館法案は可決され，この法律の制定により，公開性，無料制，公費負担の原則に法的裏づけがなされることとなった。

同法に基づく公立図書館が最初に設置されたのは，マンチェスターである。初代館長をつとめたエドワーズは，「あらゆる人々のための図書館」を構想し，特定の個人・団体や，政治的・宗教的な影響から遠ざけるために，図書館は地方税によって運営されなければならないことを主張した。その後，英国においても同法のもとに，公立図書館が発展していったのである。

　このように図書館は，記録メディアとともに大きく変化してきた。知識・情報と人を結びつけるために，記録メディアを収集・整理・保存・提供する役割をもつことに変わりはない。しかし，社会におけるその位置づけや設置の目的，利用者や利用の目的は時代によって異なる。今後も図書館は，時代や場所に応じて変化しつづけるだろう。また，変化しつづける必要がある。

引用・参考文献

岩猿敏生『日本図書館史概説』日外アソシエーツ，2007．
柴野京子『書棚と平台：出版流通というメディア』弘文堂，2009．
永嶺重敏『「読書国民」の誕生：明治 30 年代の活字メディアと読書文化』日本エディタースクール出版部，2004．
バトルズ，マシュー『図書館の興亡：古代アレクサンドリアから現代まで』白須英子訳，草思社，2004．
ホワイトヒル，ウォルター『ボストン市立図書館 100 年史：栄光，挫折，再生』川崎良孝訳，日本図書館協会，1999．
箕輪成男『パピルスが伝えた文明：ギリシア・ローマの本屋たち』出版ニュース社，2002．
森耕一・川崎良孝『公立図書館原論』全国学校図書館協議会，1983．
山梨あや『近代日本における読書と社会教育：図書館を中心とした教育活動の成立と展開』法政大学出版局，2011．
レーシュブルク，ヴィンフリート『ヨーロッパの歴史的図書館』宮原啓子・山本三代子訳，国文社，1994．

第2章

本が生まれる場所，育つ場所

永江　朗

1　出版社の仕事

　出版社が発行した本を書店で購入する，あるいは図書館で閲覧したり貸出を受ける。単純なことのように見えるが，本がつくられて読者に届くまでのあいだには，さまざまな人や組織が関わっている。この章では，本ができるまで，できあがった本が読者に届くまで，そしてそれからの本について考えてみよう。

　本がどのようにつくられるかを見てみよう。書籍や雑誌は，出版社が発行し，発売する。出版社はどんな仕事をしているのだろう。なお，「書籍」「雑誌」という分類と呼称は出版業界の用語で，それぞれ流通ロードや取引条件が違う。図書館業界では「図書」と呼ぶ。まず，どんな本を刊行するかという企画を立て，そのために必要な資金を用意する。著者に執筆を依頼し，書き上がった原稿が本のかたちになるようデザインする。そこでは編集という作業が行われる。どんな本にするのか著者と相談し，ときには資料の準備や取材のサポートをする。著者が書いた原稿を読み，問題点があれば著者に修正を求める。「作家と編集者は二人三脚」とは，出版界でよく使われることばである。企画や編集を専門に行う編集プロダクションという組織や，フリーランスの編集者も存在する。

　完成した原稿を本のかたちにデザインするのは装丁者（装幀者，ブックデザイナーともいう）である。社内に専門部署を設け，社内でデザインする出版社もあるが，外部の会社や個人に依頼することが

多い。本の内容である文章や絵や写真は,多くの場合,出版社の社員ではなく,社外の作家や画家,写真家が作成する。

原稿はデザイナーや編集者が作成した設計書(指定書)とともに印刷会社に渡される。印刷された紙は製本会社に送られて本になる。完成した本は取次を経由して全国の書店に並ぶ。図書館の棚に置かれる図書も,取次・書店を経由して図書館に届く。最近はつくった本を保管しておく倉庫も社外に委託する出版社が多い。

出版社の仕事はこれだけで終わらない。つくった本を多くの人が認知するよう,広報・宣伝,販売促進(プロモーション)をする。書店に刊行情報を送り,営業担当者が注文を取る。新聞や雑誌に広告を載せ,書評欄や情報欄で取り上げられるよう働きかける。ときには著者のトークショーやサイン会を企画することもある。とりわけインターネットが普及してからは,自社のWebサイトやブログだけでなく,TwitterやFacebook,InstagramなどSNSを駆使した日常的なプロモーション活動が欠かせないものになった。最近はプロモーションを専門に行う会社もある。

販売した書物の代金を回収し,著者や印刷会社などに印税や原稿料,印刷代金などを支払うのも出版社の重要な仕事である(日本エディタースクール編,1997)。

2　製紙・印刷・製本

製紙

モノとしての本がどのようにつくられるかを見ておこう。

紙は木材や草からセルロース繊維(=パルプ)を取り出してつくる。1本のユーカリの樹を想像してほしい。ユーカリは生育が早く,紙の原料に向いている。日本の大手製紙会社のなかには,オーストラリアやニュージーランドにユーカリ畑を所有している会社がある。成長したユーカリは伐採されて親指大ほどのチップに粉砕され,船

に積まれて日本に運ばれる。伐採されたあとには新たなユーカリの苗木が植えられる。

　日本の製紙工場に運ばれたユーカリのチップは，巨大な釜で煮られてパルプが取り出される。精選・脱水・漂白などの工程を経て薄い粥のようになったパルプの溶液が，抄紙機に入れられて紙になる。大手の製紙工場では最新鋭の巨大な抄紙機が動いているが，紙を抄く原理は 2000 年以上前に中国で紙が発明されてからほとんど変わっていない。製紙工場のなかには，100 年近く前に製造された抄紙機を部品の交換を繰り返しながら使い続けているところもある。抄紙機から出てくる紙は巨大なロール状になっている。これを裁断して書籍や雑誌にもちいる洋紙にする。

　近年は古紙を原料にした再生紙が増えている。紙はもっともリサイクルがうまくいっているもののひとつで，回収された古紙はパルプに戻され，もういちど抄かれて再生紙となる。古紙パルプと木材パルプの配合比率によって，できあがった紙の質も異なったものになる。

印刷

　製紙工場でつくられた紙は印刷工場に運ばれる。印刷の方法には大きく分けて活版（凸版）・凹版・平版がある。活版印刷は凹凸のある版の凸の部分にインクを塗布して紙に転写する方法で，15 世紀にグーテンベルクが発明した。それまでの西洋の本は 1 冊 1 冊手で書き写したものだった。活版印刷によって同じ本を大量につくれるようになり，同一のテキストを同時に大量の人が読めるようになった。宗教改革が起きた背景には活版印刷術の登場がある。活版印刷では，原稿に編集者が書き入れた書体や文字の大きさなどに関する指示に従って文選工と呼ばれる職人が金属の活字を並べて原版をつくり，これを印刷機に装塡して印刷する。凹版は活版とは逆に版の凹の部分のインクを紙に転写する。版の全面にインクを塗った

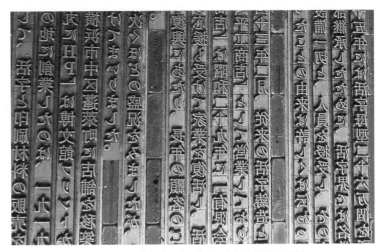

図 2-1　活字を並べた原版（写真提供:㈱築地活字）

あとで凸の部分に付着したインクをぬぐいとり，版に紙を強く圧しつけることによって凹の部分に残ったインクを転写する方法である。その応用がグラビア印刷で，微細な表現が可能なことから写真ページなどによく使われた。雑誌の写真ページをグラビアと呼ぶのはこのためである。

現在は活版も凹版も出版印刷からはほとんど姿を消し，平版オフセット印刷が主流となっている。人びとが本を読まなくなることを「活字ばなれ」ということがあるが，印刷の現場ではすでに活字ばなれは終了している。本から活字がなくなっても，「活字」ということばは本や読書の隠喩として生きている。

平版は版に化学処理をすることでインクが付着する部分とインクをはじく部分をつくり，付着したインクを紙に転写する。これにコンピュータによって制御する写真植字が結びつくことで，高速かつ大量の印刷が可能になった。

製本

　印刷された紙は製本工場に運ばれる。1枚の紙には表と裏を合わせて4ページから32ページ分が印刷されている。これを折って裁断し、本文ページにする。1枚の紙を1回折れば4ページ分に、もう1回折れば8ページ分に、さらにもう1回折れば16ページ分になる。こうして折って切りそろえたページを順番に並べて綴じ合わせる。綴じ合わせる方法には、糸でかがる、針金で綴じる、接着剤で貼り合わせるなどがある。現在は接着剤で貼り合わせることが多く、糸や針金など「線」を使わないことから無線綴じと呼ばれる。綴じ合わせた本文に表紙を貼りつける。上製本（ハードカバー）は、さらに厚紙などを芯にした表紙を貼りつけ、花布（ヘッドバンドともいう）と呼ばれる小さな布をつける。書物によってはしおり紐（スピン）もつく。表紙をつけた本には、カバー（ダストカバー、ジャケットともいう）をかけ、帯をつけて完成する。

3　取次の仕事

　出版社と書店とのあいだに販売会社（取次）が介在することが多い。取次を便宜的に「問屋」ということがあるが、他業界における問屋とは違う。問屋は商品を選別して仕入れるが、取次は原則として本を選別しない。例外的な事情（たとえば何らかの法に抵触する可能性）がない限り、内容によって取次がその本の扱いを拒否することはない。ただし扱う数量については、その内容を吟味して決定する。たくさん売れることが期待できる本はたくさん扱い、あまり売れそうにない本は少ししか扱わない。

　日本には約3500の出版社がある。日本国内で1年間に刊行される新刊書籍の点数（タイトル数）はここ数年、7～8万点ほどで、雑誌は3000銘柄（タイトル）ほど。前年以前に出た既刊の書籍は90万点から100万点ある（ただし電子書籍を除く）。書店の数は1万

3千店ほどある。つまり，3500社の出版社から刊行される年間7〜8万点の新刊書籍と3000銘柄の雑誌，90万点の既刊書を，全国1万3千店の書店に届けるのが取次の仕事である（全国出版協会・出版科学研究所，2016）。

新刊書籍の初版部数は，専門書で1500部から3000部ぐらい，文芸書で4000部から1万部程度であり，ベストセラー作家のものでも初版部数が10万部を超えることはめったにない。ということは仮に書店1店につき1冊ずつ配本したとしても届かない書店が多い。どの書店に何冊の本を配本するかは，店舗の規模や立地，そして過去の実績から決まる。

また，後述するように，日本の書籍・雑誌は返品可能な「委託」品として書店に卸されることが多い。取次には出版社から書店に書籍や雑誌を届けるだけでなく，返品を書店から出版社に送る役割もある。最近の書籍・雑誌の返品率は平均で40％程度である。

書店から書籍・雑誌の販売代金を回収して出版社に支払うのも取次の仕事である。返品時には出版社から書店への返金が生じるが，これも取次がおこなう（実際には納品分と相殺されて精算される）。出版社がどんな本を刊行するかという情報を書店に送り，書店でどのような本がどれだけ売れているかという情報を出版社にフィードバックするのも取次である。このように日本の取次は物流と金融（決済）と情報という3つの仕事の要となっている。さらに書店に対するコンサルタント業務や商品開発業務などもある。

出版社→取次→書店以外にもさまざまな書物の販売ルートがある。出版社が取次を経由せず書店に直接卸す本もあれば，出版社が読者に直接販売する本もある。生協（消費生活協同組合）による販売や，茶華道など諸芸の家元組織による門弟への販売などもある。近年は書店だけでなく，スーパーマーケットやコンビニエンスストア，飲食店や生活雑貨店などでも本を見かけることが増えている。自費出版物のように，著者が読者に直接販売する本や，著者が書店に直接

卸す本もある（村上，1984，1988）。

4 再販制と委託制

　日本の出版流通で特徴的なのは，再販制と委託制が広く採用されていることである。

　再販制は再販売価格維持制度の略で，定価販売のことである。独占禁止法は価格拘束すなわちメーカーが小売価格を決定して強制することを禁じているが，その例外が著作物6品目である。新聞，書籍，雑誌，音楽レコード，音楽テープ，音楽CDについては，価格拘束つまり定価販売を認めている。形態は似ているがDVDは含まれない。

　価格拘束をするためには出版社が書店など小売店と再販売価格維持契約を結ばなければならない。ただしこれは，小売店が契約を無視して書籍や雑誌を値引き販売するなどした場合に取引停止するなど定価を守らせるよう圧力をかけることを容認するものであって，値引き行為など定価以外で売ることそのものを法的に禁じているわけではない。再販契約がない場合は，小売店（書店）が販売価格を決める。再販価格維持契約を書店と結んでいる出版社でも，一部の書物について非再販とすることができる（部分再販）。新刊発売時は定価で販売していたが，一定期間後は価格拘束を解いて販売価格を小売店にまかせる場合もある（時限再販）。ときおり大型書店などで「謝恩価格本フェア」などが開催されることがあるが，このように時期と場所を限定して非再販とするのも時限再販のひとつである（木下，1997）。

　委託制は返品制のことであり，再販制が独禁法の例外事項という法的位置づけがあるのとは違って商慣習である。「委託」とはいうものの事実上は返品条件つき買取で，本が納品されると書店は出版社にその代金を支払う。返品するとその分が出版社から返金される。

委託には返品期限が決められていて，期限を過ぎると返品できなくなる。

再販制／委託制の功と罪

　再販制のよい点は，全国同一価格なので居住地などが違っていても誰もが等しくその本に接することができること，価格競争がないので零細な書店でも安定した経営をしやすいことなどである。出版社にとっては利益を確保しやすい。また委託制によって書店は売れ残りのリスクを負わずに本を店頭に並べることができる。多様な本が世に出ることで，読者にとっても利点がある。しかしよいことばかりではない。再販制と委託制がセットになることによって，市場規模以上の出版活動が行われるようになり，返品率の上昇や本の短命化を招くこととなった。たとえば1975年における書籍の推定販売部数は6億3222万冊で，その後も増えつづけたが，1988年の9億4379万冊をピークにして減少に転じ，2015年は6億2633万冊だった。1975年と同レベルに戻ったのである。市場の収縮にはさまざまな原因が考えられるが，たとえば15歳から64歳までの生産年齢人口は，この推定販売部数とほぼ同様の変化をしている。一方，年間新刊発行点数の推移を見ると，1975年は2万2435点だったのに対して，2015年は7万6445点と3倍以上に増えている。新刊1点あたりの販売部数は3分の1以下に減っている（全国出版協会・出版科学研究所，2016）。

5　読んだ本はどこへいくか　古書の世界とリサイクル

　読み終えた本はどこへ行くのだろうか。読んだ人の本棚に並べられ，長く保存される本もあるだろう。親から子へ，子から孫へと受け継がれていく本もあるだろう。たとえば京都の冷泉家時雨亭文庫には同家の祖先である藤原定家が書写した『古今和歌集』をはじめ，

鎌倉時代からの古典籍が数多く保存されている（冷泉，2013）。しかし，多くの場合，読み終えた本は古書店に売られたり，古紙として資源リサイクルされたりすることがほとんどだろう。資源リサイクルされた本は，先に触れたように古紙パルプとなり，紙の原料となる。

　古書店に売られた本は，値段がつけられて新たな読者を待つ。買い取った古書店でそのまま売られる場合もあれば，同業者間の交換市で他の古書店に買い取られることもある。いずれにせよ，それまで死蔵されていた本が，値段をつけられることによって，新たな価値を持つ（樽見，2006）。

　古書の流通はこの四半世紀で大きく変化した。ひとつは新古書店と呼ばれる業態の登場である。中古本屋，リサイクルショップ型古本屋などとも呼ばれる。広く明るい店内で，買取価格・販売価格の設定がマニュアル化され，誰にでもわかりやすい。また買い取った本は汚れた部分を取り除くなどして，できるだけ新本に近づけられる。新古書店の登場によって古書に対するイメージが変わり，それまで古書になじみのなかった人も古書店で購入するようになった。街でいちばん大きな書店が新古書店であるような地域も珍しくない。

　ふたつめはインターネットを利用した古書販売の登場である。個々の古書店が Web サイトで販売するだけでなく，全国古書籍商組合連合会による「日本の古本屋」や，古書店組合に加入していない古書店もネットワークした「スーパー源氏」といった検索・販売サイトも登場した。また，Amazon.co.jp では古書店や個人による古書の出品・販売がおこなわれている。あるいはヤフオク！などオークションサイトに出品する古書店や個人もある。Amazon.co.jp では新本と古書，電子書籍が並んで表示されるなど，利用者にとって新本と古書の垣根は限りなく低くなっている。

　また，古書を核としたイベントも盛んになっている。その代表が一箱古本市で，これは一般の人が手持ちの古書を持ち寄り，路上な

どで販売するものである。

6 電子書籍と流通

　最後に電子書籍についても触れておこう。電子書籍も印刷書籍（紙の書籍）と同様に出版社→取次→書店というルートで流通する。印刷書籍と違うところは，デジタルデータであるため返品というものが生じないこと，再販制の適用対象とならないので定価ではないことである。現状では，それぞれの電子書店が独自に売価を決める電子書籍と，出版社が希望した売価で販売する電子書籍とが混在している。

　出版社ではなく，著者が電子書店に直接卸す，セルフパブリッシング（個人出版，自己出版とも）が多いのも電子書籍の特徴である。

　多くの場合，電子書籍は書籍のデータそのものが売買されるのではなく，そのデータへのアクセス権が一定の条件のもとで与えられる。そのため，購入先の電子書店がなくなったりサービスをやめたりすると，再ダウンロードなどができなくなる場合もある。端末が故障したり，買い換えたり，あるいはOSのバージョンアップなどでこうした事態が生じる可能性がある。

　電子書籍は規格の変更によって，今後どうなるかは予測できない。たとえば1990年代には3.5インチのフロッピーディスクによるパッケージ型の電子書籍が販売されたが，現在はフロッピーディスクに対応したディスクドライブが搭載されたコンピュータを探すのは困難である。藤原定家が和紙に墨で書写した『古今和歌集』が800年後の現在も読めること，あるいは粘土板に楔形文字で書かれた書物が現在も読めることと比べると，電子書籍はきわめて不安定なものである。

　電子書籍では紙の本では想定されなかったようなサービスも登場している。たとえば定額読み放題はそのひとつだ。利用者は月単位

（または年単位）で一定額を支払うことによって，登録されている電子書籍・電子雑誌を自由に読むことができる。あるいは電子書籍と簡易印刷を組み合わせた POD（プリント・オン・デマンド）なども登場している。今後，電子書籍はさまざまな形で普及していくだろう。だからといって短期間のうちに電子書籍が紙の本にとってかわることは考えにくいが，本とその流通のありかたはこれからも少しずつ変化していくだろう。

引用・参考文献

樺山紘一編『図説 本の歴史』河出書房新社，2011.
木下修『書籍再販と流通寡占』アルメディア，1997.
全国出版協会・出版科学研究所『2016 年版 出版指標年報』全国出版協会・出版科学研究所，2016.
日本エディタースクール編『新編 出版編集技術』上・下，日本エディタースクール出版部，1997.
樽見博『古本通』平凡社新書，2006.
フェーブル, L.／マルタン, H.=J.『書物の出現』ちくま学芸文庫，1998.
福嶋聡『希望の書店論』人文書院，2007.
マクルーハン, M.『グーテンベルグの銀河系：活字人間の形成』みすず書房，1986.
村上信明『出版流通とシステム：「量」に挑む出版取次』新文化通信社，1984.
村上信明『出版流通図鑑：50 万アイテムの販売システム』新文化通信社，1988.
冷泉貴実子『冷泉家 八〇〇年の「守る力」』集英社新書，2013.

第3章

偉人たちの知識はそこにある

逸村　裕

1　大学図書館は知識の根っこ

　イギリスの学術雑誌『ネイチャー』の名はしばしばテレビや新聞で取り上げられる。しかし『ネイチャー』そのものがどのようなものであるかはあまり知られていない。

　『ネイチャー』は1869年イギリスで創刊された。以来，最新の科学情報を伝えることを使命とし，140年を超える歴史をもつ学術雑誌である。週刊で刊行され，日本においても大型書店で入手することができる。この『ネイチャー』をはじめとする学術雑誌は数万誌存在し，学術の社会を支えている。この学術雑誌群は今日，大学図書館そして学術情報基盤があってこそ成り立っている。

　1953年，『ネイチャー』にワトソンとクリックによる「デオキシリボ核酸の分子構造」と題された論文が掲載された。DNAが二重らせん構造であることを明らかにしたこの論文は現在までに5000件を超える引用を集め，バイオサイエンスを隆盛へと導くことになった。その内容は高校生物の教科書にも記されている。このワトソンとクリックの論文は多くの大学図書館で読むことができる。このような重要な学術資料を収集整理保存し，利用に供することは大学図書館の基本である。

　一般に図書や雑誌は流通する期間が短い。今日の出版状況では1年前に刊行された図書の入手も書店では難しくなっている。しかしいったん大学図書館に受け入れられた図書や雑誌は長い期間利用で

きる。アインシュタインによる相対性理論に関する論文，山中伸弥によるiPS細胞に関する論文も長く利用されることであろう。大学図書館は知識の根っこなのである。

2　学術情報基盤の機能

『三四郎』にみる大学図書館

> 三四郎は急に気をかえて，別の世界のことを思い出した。——これから東京に行く。大学に入る。有名な学者に接触する。趣味品性の備わった学生と交際する。図書館で研究をする。著作をやる。世間で喝采する。母がうれしがる。というような未来をだらしなく考えて，大いに元気を回復してみる……

1908年，朝日新聞に連載された夏目漱石の小説『三四郎』にはこんな記述がある。この小説が書かれた当時，日露戦争後の日本において大学は「東京（1886年創立）」「京都（1897年）」「東北（1907年）」の3大学だけが存在した。東京大学図書館には40万冊ほどの蔵書があった。この図書館と蔵書は1923年の関東大震災で失われる。

『三四郎』の主人公小川三四郎はこの時点ではまだ東京大学に足を踏み入れていない。その段階で，すでに「図書館で研究をする」と夢見ているのである。当時から大学図書館がそのように意識されていたことがみてとれる。

大学図書館の基本的機能

三四郎の時代から100年あまりを経た今日，日本には782の四年制大学，350の短期大学がある。大学設置基準という省令により，大学には図書館の設置が義務づけられている。大規模大学では複数の図書館を備えていることもあり，大学図書館数は1400を数える。

大学図書館には多くの図書，雑誌，新聞などの資料が集積し，その合計は3億点を超える。大規模大学の蔵書数は数百万冊に及ぶ。さらに近年では多くの電子ジャーナル，電子書籍，データベース，データそのものといった電子情報源にもアクセスできるようになっている。

大学図書館に求められるのは良質な情報源と快適な知的空間の提供である。そのためには図書館員による人的な情報サービスが必要となる。大学図書館は長くその使命を意識し，より良いサービスの提供を追い求めてきた。

大学は研究を行い，新たな知を生産し，それをふまえて教育を行う社会機関である。大学図書館の役割は大学の行う教育と研究を支援することにある。

研究を行うことにより生産される研究成果は，学術雑誌に掲載される「学術論文」，あるいは「学術図書」として出版される。大学図書館はその資料を収集，整理，保存し，利用に供することで，知の再生産に寄与する。このサイクルを意識し，時代に応じた対応を図ることで学術情報流通の一翼を担ってきた。大学図書館は情報源の貯蔵庫であり，教育研究を支援し，行う場であった。

デジタル情報源の入り口としての学術情報基盤

1990年頃まで，情報源は所蔵していることに意味があった。大学図書館はその蔵書数を誇り，図書館はその名のとおり，「図書の館」として長く知られてきた。しかし今日では，インターネット上に多くの情報源が存在する。たとえば『ネイチャー』は今ではデジタル版の電子ジャーナルと印刷版が同時に刊行されている。情報源の電子化が進み，さらに学術ネットワークの発展により，印刷資料の重要性は相対的に減少し，貯蔵庫としての価値も低くなった。学術ネットワークと大学図書館は一体化し，「学術情報基盤」と呼ばれるようになった。

コンピュータ技術による学術情報の刷新は1950年代に始まった。1980年代からはネットワーク技術を加えたICT（Information, Communication and Technology）と図書館技術の融合が進み，全国の大学図書館が「学術情報システム」のもとにサービスを展開するようになった。1990年代半ばからはインターネットが普及しはじめ，これに歩調をあわせるように「電子ジャーナル」が世界的に普及した。『ネイチャー』の電子版もそのひとつである。

ICTと図書館サービスの融合は，1966年以来，文部（科学）省が国公私立大学図書館を規模別に分類し，編集した統計『大学図書館実態調査』が2005年より『学術情報基盤実態調査』と名称を変更し，コンピュータとネットワークに関するデータと事項を増強したことにも示されている。そこには蔵書数，閲覧席数と並び，提供する電子ジャーナル数といった統計項目が記載されている。今日，スマートフォンにも普及したサーチエンジンと学術情報の連携が進んでいる。ICT技術の進展はとどまるところを知らない。この状況下で新しい技術を取り込みながら適切に良質な情報源を提供することは大学図書館の課題となっている。

ラーニングコモンズの展開

ICT技術の進展は教育面にも影響を与えることになった。大学図書館においては1970年代から研究ではなく教育の支援を目的として「学習用図書館」が設置された。そこでは学習に必要な印刷体資料と開放的な閲覧席の設置があった。さらに1980年代からコンピュータ教室と図書館が提供する電子情報源サービスを統合する試みが行われた。この仕組みは「インフォメーションコモンズ」と呼ばれ，現在は「ラーニングコモンズ」と呼ばれるようになっている。

学習支援を目的に組織化され，ICTを用い，印刷体資料とデジタル情報源そして図書館員による人的サポートを加えて学生の学習を促進する機能がその特徴である。単に図書館内にコンピュータ機

器を導入したものとの違いは当初から意識されていた。2012年8月，中央教育審議会から「新たな未来を築くための大学教育の質的転換に向けて：生涯学び続け，主体的に考える力を育成する大学へ」という答申が出された。ここでは「将来の予測が困難な時代が到来しつつある」と，不透明な時代を切り拓くために大学教育の質的転換を促し，アクティブラーニングを推奨し，「学修」ということばを用いている。

アクティブラーニングとは，授業者が一方的に学生に知識伝達をする講義スタイルではなく学生の能動的な学習を促す授業のことである。授業中に学生からのコメントを求め理解度を確認することはもちろん，学生の授業への参加を求める学生参加型の授業や，学生が主体となって問題解決のプロジェクトを実施する「問題解決型学習（PBL：Project-Based Learning)」形式の授業がその例である。「大学は，課題発見・探究能力，実行力といった基礎力だけでなく汎用的能力などの必要な能力を有する人材を育成するため，学生の能動的な活動を取り入れた授業や学習法，双方向の授業展開など教育方法の質的転換を図る」とされており，将来へ向けて大学における教育の方向性を示しているものと考えられる。これらをふまえ，2008年頃からラーニングコモンズや類似の施設が広く普及し，2016年時点では400を超えている。千葉大学「アカデミックリンク」や同志社大学「ラーニングコモンズ」のように，大学の顔となるようなラーニングコモンズも構築されている。

アクティブラーニングには多様な考え方があり，ラーニングコモンズを図書館の中に置くか，あるいは図書館の外に設置するかの議論も盛んである。

3　オープンアクセスと機関リポジトリ

学術論文をめぐる状況

　日本での年間新刊図書出版点数は約8万点で，電子書籍の普及も始まっている。出版活動のポイントのひとつに，良質な情報源の作成にはコストがかかる，という点がある。学術世界には図書，学術雑誌，会議録などの情報源が存在する。そのなかでも学術雑誌に掲載される学術論文の比重は大きい。その学術論文の質を支えるものとして査読(ピア・レビュー)制度と呼ばれるものがある。査読制度とは研究者が学術雑誌に投稿した学術論文を，他の研究者が評価し，掲載の可否を決めるものである。先行研究をきちんと引用紹介し，学術世界の方法論に従って記述され，オリジナリティをもち，知的世界の発展に役立つと判断された論文は，査読を経て学術論文として学術雑誌に掲載される。

　今日，世界的に研究競争が激しくなっている。大学は研究を行う機関であり，研究者を育てる組織でもある。研究を進めるためには多くの研究費が必要である。研究費を獲得するにはその学問分野での「業績」が必要である。また大学や研究所の研究者になり，昇進するために「業績」が必要になる。「業績」は学術雑誌に掲載された論文がその基本的要件になる。研究者や，研究者の卵である学生が学術論文を執筆する必要はここから生じる。最新の学術状況を把握するには学術論文を常に読み，理解する必要が生じる。そしてまた新たな研究に臨み，新たな研究論文を生産する。これが現在の学術をめぐる世界である。

　学術論文数は増加を続け，年間の生産数は200万件を超える。学術雑誌も数万誌存在する。一方，学術情報流通の根幹を成す学術雑誌は1970年代から一貫して値上がりを続けている。この理由としては量的増大とそれに対するコストの上昇，新しい情報技術への対応などがあげられている。米国を中心とする学術雑誌の価格調査

では毎年 5-7％の値上がりが続いている。その結果，一年の購読料が 100 万円を超える雑誌も登場している。『ネイチャー』もそのひとつである。値上がりが続けば，その購読をあきらめる大学も現れる。購読中止が増えれば学術雑誌出版社はその売り上げを補うためにさらに価格を上げ，さらに購読中止が増える。その結果，全体では読むことのできる学術論文の数が減少する。この事態は 1980 年代から欧米で発生し，「雑誌の危機（Serials crisis）」と呼ばれていた。日本では円高の影響もあり，その波及は遅れたが，近年大きな問題となっている。複数の大学図書館が集まり「コンソーシアム」と呼ばれる連合体を作り，価格交渉に臨む試みも行われている。

しかしその成果は大学に所属するものだけが学術論文を読める，という状況になっている。

オープンアクセス

学術情報をみんなが読めるようにするため，世界的にオープンアクセス（OA）運動が盛んになっている。元来，研究の成果は人類全体の幸福のためにあり，しかも現在では研究経費の相当部分は税金でまかなわれている。学術情報を，インターネットさえあれば世界のどこでも誰もが読めるかたちで提供しようという運動が OA 運動である。

OA 運動は，学術情報流通環境の変化を背景に現れた複数の活動が，ハンガリーのブダペストで開催された会議とその内容を元に 2002 年に公開された文書（BOAI: Budapest Open Access Initiative）を契機にひとつの運動に集約されたことで生まれたものである。

大学図書館では，大学所属の研究者が生産した学術論文を機関リポジトリに登載し，インターネットを通して世界に公開する活動を行っている。機関リポジトリとは，大学自らがその知的生産物を集積・保存・公開するためのシステムである。日本での機関リポジトリは 2002 年から開発が始まり，現在では 500 を超える大学が機関

リポジトリを運営している。また査読制度を維持しながらインターネットで論文を公開するオープンアクセスジャーナルと呼ばれる制度も世界的に活発になっている。機関リポジトリによる仕組みはグリーン路線、オープンアクセスジャーナルによるものはゴールド路線と呼ばれる。今日、学術情報流通における OA 化は国際的にひとつの大きな流れになっている。

このことは大学の教育研究の在り方に影響を与えつつある。かつて学生は授業を受ける教員が書いた論文を、図書館に赴きいくつかの手順を経て入手していた。それが今ではサーチエンジンの浸透もあり、容易かつ迅速にその教員の論文を読むことができるようになったのである。

4　未来を志向する学術情報基盤

大学図書館は時代に応じて変化を遂げつつ情報利用の要求に応えようとしてきた。蔵書を探すための道具も冊子体目録からカード目録、オンライン目録（OPAC：Online Public Access Catalog）、そして学術雑誌掲載の論文やオープンアクセス資料をまとめて探せるようにするディスカバリサービス（第 20 章参照）へと進化を遂げてきた。この営為は今後も続くことになる。場の提供についても三四郎の時代の図書館閲覧室から適切な空調の整った快適空間、無線 LAN の整備……と着実に利用者への便宜を図るように動いている。今日のラーニングコモンズに代表される「場の提供」も同様である（第 10 章参照）。

高等教育全般に財政的な厳しさは増している。そのなかで知識は人類普遍の貴重な財産であり、大学図書館はそれを支えるべく努力してきた。学術研究のめざすものは新たな知識技術の開発と文化の継承発展であり、人類の幸福である。大学図書館そして学術情報基盤はその流れを意識し、利用者へのサービスを心がけるものである。

引用・参考文献

Watson, J. D and Crick, F. H. C. Molecular Structure of Nucleic Acids: A Structure for Deoxyribose Nucleic Acid, Nature, vol. 171, p. 731-738, 1953.

第4章

図書館情報学からみる図書館の姿

根本　彰

1　図書館情報学とは何か

　学問と職業の関係は複雑である。医学は医師の，薬学は薬剤師の，建築学は建築士になるための基礎学問であり，学んだ人の多くは資格をとってその職に就いている。しかし，学部で法学を学んだからといって司法職（弁護士・検事・裁判官）に就けるわけではない。さらに法科大学院を修了して，司法試験に合格する必要があるからである。教育学を学んだだけでは教員になれるわけではない。教員資格をとったうえで教員採用試験に合格する必要があるからである。学んだ学問と取得資格，そして職業の関係は必ずしも直線的に対応しておらず，ケースバイケースなのである。

　それでは図書館情報学はどうなのだろうか。前身の図書館学も含めて明らかに図書館員を養成するための分野であったといえるし，大学での専攻・非専攻を問わず司書資格をとることはできたが，それで図書館員として就職する人は多くはない。この点では教員のケースと似ているが，教員の採用枠は常に一定数あるのに対して，図書館員の採用枠はかなり限定されている点で違いがある。ここ20年ほどの間に正規職員としての採用は少なくなり，資格をとっても正規職員として就職できるとは言いにくい状況が続いている。

　それでは，大学で図書館情報学を学ぶ意義はなくなっているのだろうか。いやそうではない。むしろ，この学問の内実が現代の情報社会の在り方に対応して変化してきており，学ぶ価値を高めている。

法学や教育学と同様に，社会的に興味深い分野を学ぶ人たちが多い状況がこの分野にも生じているのである。

アカデミズムとプロフェッショナリズム

　日本の大学が引き受けている学問の領域は，次の2つに分けて考えることができる。アカデミズム（学術）とプロフェッショナリズム（専門職）である。

　アカデミズムとは純粋に知識を追究することと考えられている。自然科学，社会科学，人文科学では，研究者がそれぞれの分野で確立された方法で新しい知識を発見し，それを学会での口頭発表や学術雑誌への投稿を通じて，あるいは学術書の出版を通じて共有する。そこでは，研究成果の評価プロセスを通じた知識世界への貢献がなされている。もちろん，そのプロセスを通じて研究者自身に対する評価も行われ，対応してアカデミズム世界での地位も確保される。アカデミズムは基本的に開かれた世界で，ある分野で知識が確立されればアカデミズム全体として共有されたものと考えられる。

　これに対してプロフェッショナリズムとは，アカデミズムの存在を前提として，特定の専門職業（プロフェッション）において共有されている知識や技術への貢献を前提にした知識や行動の共有体系であり，職業によってその目的も方法も異なった閉じた世界である。プロフェッショナリズムは近代社会が生み出したものなので，そこで確立された大きな倫理観は共通しているが，それをどのように実現するかについては職業ごとに異なる。

　西欧近代における専門職業（プロフェッション）の代表として，聖職者，医師，弁護士があり，これらに対応する学問として（キリスト教）神学，医学，法学があげられる。これらのうち，医学と法学は日本の大学においても重要な柱として受け入れられた。医学は，自然科学研究をベースにしながらも，個々の症例に対応した診断や治療を蓄積し，新しい医療技術を開発することで，独自の専門職業（プロフェッション）を構築している。法

学は社会科学とみなされることも多いが、実際にはそれぞれの国（場合によっては州などの法執行の単位）に特有の制度状況を反映して、それにあわせた法体系が整備され、法の解釈も法律家の業務もそうした実際の運営をベースに行われている。ただし先に述べたように、日本では法学を学ぶことがそのまま法律専門職になることを意味していない。

20世紀になると専門職業(プロフェッション)は広がりをみせる。建築，機械，エレクトロニクス，化学，薬学などの応用科学領域は自然科学を社会に適用したものであるが，これがそれぞれの領域ごとに専門職業(プロフェッション)化する傾向があった。人文社会系でも教育や会計，税務などが専門職業(プロフェッション)となっている。もちろん，これらは国によってあるいは専門職業(プロフェッション)ごとに在り方は多様であり，特に独立した職業として成立しうるかどうかは異なっている（山田，1998）。

アメリカにおける図書館情報学の位置づけ

図書館情報学（library and information science）の前身である図書館学（library science）は、20世紀初頭までに蓄積された図書館員のノウハウを大学での養成課程に適用することで始められた。その意味で専門職業(プロフェッション)のひとつである。アメリカの大学で始まり、それが各国に広まっていった。

19世紀末にアメリカ東部の大学で始まった図書館員の養成課程（図書館学校と呼ばれた）は、1910年代以降に中西部から太平洋岸にも広まり、全体が大学における専門職業(プロフェッション)の養成課程（図書館学大学院）として構築されていった。その後、博士課程もできて、ここが知識や技術を開発する領域でもあることが確認された。1960年代以降はコンピュータによる情報検索技術がこの領域に取り入れられることで、図書館学は図書館情報学と名前が変更になった。また、それとともに研究の対象も、従来の図書館業務を中心とするものから、それを含んだもっと社会的な情報流通過程や情報利用過程へと

広がっていった。

　先ほどみたようにプロフェッショナリズムは，アカデミズムの存在を前提として成り立つが，両者の関係は領域ごとに異なる。図書館情報学は，アカデミズムが構築する知識を，図書館を基盤としたこの領域特有の方法で媒介する役割を果たす。たとえば，大学，研究所など知識を発見し，確定するための研究施設は，その成果を収めた雑誌や図書などの学術資料を集めた図書館を設置する。また，学校，博物館そして地域社会といった知識を共有し利用し普及させるための場においても，その媒介をするための資料を集めた図書館がつくられるようになる。さらに，病院や刑務所などの社会施設にも図書館を設置することが行われている。アメリカではそのための専門の図書館員の配置も行われる。それは図書館の資料を通じて知識を媒介する作用が，大学のみならず，地域における社会参加や学校教育・社会教育，医療や矯正，社会参加といった応用的な分野にも有用と考えられているからである。

　アメリカの図書館情報学が提供してきた手法は，資料を蓄積し，そうしてできたコレクションに対して分類や目録といった方法でアクセスする手段を開発し，また，利用者に対してこれを媒介するものである。また，そうした方法を学んだ図書館員を養成してきた。図書館情報学の世界では，20世紀後半に図書館資料を標準的な書誌データベースを元にしてコンピュータシステムで管理できるようになり，さらに雑誌論文を記録した学術データベースが一般化することによって，個々の図書館の仕事はかなり楽になった。さらに，1990年代後半以降のインターネット情報社会は，個々の資料のデジタル化を推進し，これによって，既存の図書館とデジタル図書館が併存する状況が生じている（Rubin, 2010）。

2 ヨーロッパ系の図書館情報学

ヨーロッパの大学の動き

　アメリカの大学の図書館情報学とは，このように，学部課程を終えた学生の一部が，大学院における図書館員養成の専門職課程で学び，そこで得た専門知識や情報を学生や専門家，社会全般に提供する仕事の基盤をなすものである。これに引き替え，ヨーロッパ系の大学では歴史的にアカデミズムを追求する態度が強かった。そのため専門職養成は20世紀後半になるまで大学に明確に位置づけられておらず，古典的な専門職領域以外の専門家養成と同様，図書館員のための養成教育は大学以外の専門職養成学校で行われるのが一般的だった。

　ところが1999年にヨーロッパ諸国の教育担当大臣が集まって採択したボローニャ宣言で，各国共通の学士課程と大学院課程をつくることや，単位互換制度をつくることなどを決めた。これにより，アカデミズム志向を切り替えて，実学的課程や専門職養成を大学の使命に位置づけ，アメリカ系の大学と同様に専門職養成も教育課程に含めるようになった。

ヨーロッパの図書館情報学

　この動きは各国の図書館情報学の動向とも密接な関係をもっている。

　たとえば，イギリスはこれがやや早く始まっている。20世紀半ばまでイギリスの大学における図書館員養成は，ロンドン大学ほかの少数の大学以外，専門学校や短期大学で行われていた。ところが20世紀後半になると，これらが少しずつ大学となり，設置されていたコースもそのまま図書館情報学のコースとなっていった。

　ドイツでも，伝統的にベルリン大学（現フンボルト大学）に図書館学のコースがあった以外，図書館員養成は専門学校で行われていた。

これがボローニャ宣言以降,そうした専門学校が専門大学となり,図書館員養成も行われるようになった(Boyer, 2005)。デンマークには単科大学としてヨーロッパ最大規模の王立図書館情報学校があったが,近年,これが総合大学のコペンハーゲン大学に統合され,情報学研究アカデミーとなっている。

このような大学教育の一般化の動きとは別に,フランスでは行政官や高校教員などの高度の職業人養成のための教育機関は,大学と区別されて高等専門学校(グランゼコール)と呼ばれ重視されてきた。そのうち図書館員の養成はリヨンにある国立情報図書館学専門学校で行われ,文書館員の養成はパリの国立古文書学校で行われてきた。しかしながら,グランゼコールの専門教育においても,大学と同様の修士課程や博士課程もつくられており,全体としてはヨーロッパの図書館情報学は大きな一体的な流れのなかにあると考えられる(山形, 2005)。

ヨーロッパはアメリカに比べて歴史が古いので,図書館も修道院や教会に敷設されたものだと中世にさかのぼる資料をもつところもまれではなかった。近代になると資料は国立図書館や公共図書館,大学図書館に集中的に蓄積され,これらにも相当古い資料が置かれた。また,古い資料はラテン語で書かれているものが多く,また,相互の関係から多言語的な資料所蔵状況があり,そういうものに対応できる図書館員が必要になる。つまり,図書館員にはまず歴史的な知識と,古典語資料を筆頭に多言語的状況に対応する力が要求されていた。20世紀後半からはこれに加えて,図書館業務に情報技術を適用する知識や技術が必要となる。

このように,ヨーロッパの図書館情報学には,近代および近代語を処理するにとどまらない文化的時間的な振り幅が必要となる。カリキュラムもそうした特別の能力を引き出すようなものが提供されている。大学の課程に位置づける意義もそこにある。

3　日本の図書館情報学

世界の中の位置づけ

　日本の図書館学は，特に第二次大戦後の占領期にアメリカ経由で入ってきたものが大きな影響力をもっていた。だが占領政策の一環だったこともあって，それは，日本国自体がもっていた自国文化の形成と保持のための仕組みと図書館との関係をはっきりさせていなかったという問題を抱えていた。

　占領軍は日本全国の主要都市 23 カ所に CIE 図書館を設置した。CIE（情報教育局）は日本の文教行政を一手に引き受けていたところであるが，この図書館は占領政策を通じたアメリカ民主主義やアメリカ文化の理解を目的とし，最新のアメリカの出版物や映画，レコードなどによる娯楽を提供していた。それまでの日本のほとんどの図書館は，古い資料が書庫にあって，それを出してもらう閉架式であったが，占領終了後，これらの図書館は日本における利用しやすい開架式図書館のモデルとなった。このように，その後の図書館は新しい出版物を利用しやすいように提供することを使命とするようになり，古い資料や歴史的価値のある資料はあまり重視されなかった。つまり，これは図書館がもつ同時代的な情報流通の機能のみが重視されたことを意味する。

　こうなったのには，近代日本社会が歴史をどのように受け止めてきたのかがかかわってくる。明治以降の日本は西欧をモデルとした社会を構築した。その際に，江戸期以前のものは十分に視野に入れていなかった。たとえばヨーロッパの近代国家はナショナルライブラリー（国立図書館）をつくり，その国の近代以前の歴史的資料も含めてそこに行けばその国で出された刊行物はみられるようにした。それは，その国の近代がどのような歴史的過程によって形成されたのかを，後年に明らかにできるようにするためである。

　イギリス（グレートブリテンおよび北アイルランド連合王国）を例に

とってみよう。この国は実際には，イングランド，ウェールズ，スコットランド，北アイルランドという4つの国の連合体であり，それぞれが独立性をもっている。そのためにそれぞれの国には国立図書館があって，自国の形成過程を証明する資料が置かれているし，法定納本制度によってイギリス国内で発行されたすべての出版物をそれぞれの国立図書館に納本する規定がある（平野，2005）。このように政府機関が作る図書館は基本的にその国の成り立ちと密接な関係をもっている。

日本の場合，明治政府は帝国図書館をつくるが，ここには明治以降の新しい資料は入れても，江戸幕府の重要な資料や江戸城内にあった紅葉山文庫の資料は，太政官文庫という名の別の図書館に納めた。帝国図書館を引き継いだ国立国会図書館にはそうした江戸期の資料は組織的には入っておらず，太政官文庫は内閣文庫と名前を変えて，その後は国立公文書館に引き継がれている。本来図書館と公文書館は役割が異なっているのだが，日本ではこれが十分に区別されておらず，国家がもつ正統性を示す資料を，一貫性をもって歴史的に国立図書館に蓄積することができない状態である。

こうなったのも，明治政府が近代図書館の歴史的役割について十分な認識をもっていなかったのと，戦後参照したアメリカの図書館学，図書館情報学があくまでも歴史がせいぜい二～三百年しかない同国のものであり，歴史意識の点で限界があったためということができるだろう。戦後改革は占領国からすれば新しく国を作り直そうとするものであって，図書館もそのための宣伝機関との位置づけがあった。だが占領終了後も，日本独自の文化に根ざし，これを継承発展させるための図書館をどのようにつくっていくのか，についての検討は不十分だったといえる。

出版と図書館との関係

日本では，出版と図書館との関係が十分に議論されてこなかった

ことが，図書館を評価しにくいものにしたもうひとつの理由であった。世界的にみても日本は早くから寺子屋などの庶民の学校があって読み書き能力(リテラシー)が普及していた。これにあわせて，読本や洒落本と呼ばれる書物の出版が活発になり，出版物を置いた書店（書肆）や貸本屋などの流通業が盛んだった。また，地方都市や農山村にも貸本の行商人がいて書物を提供していた。明治の近代国家になって，印刷術や製本術が向上し，また，近代的な商品流通が始まってからは出版点数が増え，流通範囲も広がった。このように商業的な出版流通ルートがしっかりしていたので，一般的に本は書店から購入するものと考えられていたのである。このため，図書館の重要性が認識されにくかった。

　明治以降の日本政府および地方行政府（自治体）は図書館を形式的につくり，ヨーロッパ諸国で発展された出版文化を包括して図書館に取り込むことを積極的にしてこなかった。戦前期の納本制度は出版物の歴史的文化的蓄積のためではなく，検閲制度の一環として行われていた。

　書店は出版の同時代的な流通を担うのに対して，図書館は同時代的流通に加えて歴史的な蓄積を担うものである。近代的な日本人の意識が国内および対外的な流通には向かっていても，過去との関係をどのようにつくっていくかにあまり向かっていなかったことが，図書館を重視しない政策に向かった理由だといえるだろう。

その後の発展

　1970年代以降，日本の経済成長がはっきりした時代に図書館も注目された。道路，上下水道，学校教育，社会福祉など都市部の生活インフラが整備されると同時に，個々の生活人に経済面でも余裕が出ることにより，都市行政のなかでそれ以外の部分に目が向けられるようになった。図書館は一定規模の都市の中心部に1館のみ存在していたところが多かったが，この時代から地方都市や町村にも

設置され，また，地域館や分館と呼ばれる施設もあらわれ，移動図書館（ブックモービル）と呼ばれるサービスが始まった。また，高等教育への進学率が高まり，新たな大学がつくられ，大学施設の整備が行われるなかで大学図書館も建設された。このように，現在日本で運用されている図書館の多くは1970年代以降に建設されたものである。

この時代に日本の図書館情報学ははっきりしたかたちを見せることになった。1951年に占領政策の一環として慶應義塾大学に設置された日本図書館学校（現在の慶應義塾大学文学部図書館・情報学専攻）に加えて，1967年にそれ以前からあった国立の専門学校・図書館職員養成所が国立図書館短期大学となり，さらに1979年に筑波研究学園都市に国立の単科大学である図書館情報大学として開学した（現在の筑波大学知識情報・図書館学類）。ほかにも，1980年代に愛知淑徳大学や駿河台大学などに図書館情報学の専門コースができるようになった。背景には，都市における社会教育・文化行政への注目度が高まり，専門施設ができたことや，大学が増えて大学図書館ができて，専門の図書館員の配置が進んだことがある。

だが1990年代のバブル経済の崩壊とインターネットの民生化によるデジタル情報社会の到来の2つの要因がこれを大きく変貌させることになった。財政的に余裕がなくなった自治体や大学は，図書館経営については職員配置数の削減，専門職制の廃止，一部の民営化に踏み切ることになる。一方ではデジタル情報技術の進展により図書館のシステム化は以前よりもいっそう進み，図書館はインターネットへの接続環境を増やすことでより開放された情報空間を構築することになった。こうして，システム技術をもつ専門職員の必要性は増しても，従来の意味での図書館専門職員の必要性は減少したとの認識が一般的である。しかし，ここからどのように再構築するのかが試されているといえる（根本，2015）。

4　新しい「図書館」

　日本では，本を書店で買うか，図書館で利用するかという対抗軸のなかで図書館が位置づけられることが多い。しかし，西欧的なコンテクストでは図書館は当該社会の歴史性のなかに置かれているし，また，その歴史性を表出するために蓄積する資料も図書や逐次刊行物に限られずに，きわめて多様である。このように，図書館学・図書館情報学をみてくると，多くの日本人の考える「図書館」が浅薄で一時的な存在であり，文化のある特定の部分（比較的新しい商業出版物への対応）にかかわるものでしかなかったことがわかる。これは，特にインターネット時代の図書館をもう一度考えるときに重要な視点であり，再度，定義し直すことで，アメリカを超え，ヨーロッパを超えた日本的な図書館をつくることが可能になる。

　図書館で扱う資料の範囲を出版流通市場にあるものに限定している限り，その評価は出版物の著者や編集者，出版物の書評に基づくものになりがちであり，事務的なものとみなされがちである。だが，先ほどからみているように，図書館の資料は市場にあるものだけではない。関係するそれ以外の専門学術機関が発行する資料，古書や古典籍などの資料，郷土・地域で発生し蓄積している資料，印刷以外の方法で記録された資料，多言語資料，などがその収集対象から抜け落ちがちである。このような領域にこそ図書館の歴史的・文化的役割があり，図書館情報学はそのための学術的・専門的な知識を提供することができるはずである。

　これを考えるのには，博物館や美術館と比較してみるとわかりやすい。これらの施設は，何よりもそれぞれの機関の性格に対応して，もつべき資料の価値をきちんと認識して蓄積していくことが要求されている。そのために，それぞれの領域の専門的知識をもった職員（通常は学芸員）が資料の専門家として配置される必要がある。図書館においても基本的には同様である。それぞれの図書館の設置目的

に照らしたコレクションの形成を行うことが必要であり，そのために専門の知識をもった職員が配置されるべきである。

さらには，デジタル情報コレクションの構築が重大な課題になることは言うまでもない。インターネットで流通しているもののなかで，何が図書館情報学の対象になるのかについてはかなり難しい問題が残されている。つまり，これまで図書館情報学において資料を扱うための書誌コントロール（第15章3節参照）の対象であったものが，デジタル領域にまで拡張されるときにどのような変化が起こるのかについては予断を許さない。特に，最初からデジタルでつくられるボーンデジタルと呼ばれる情報をどのように扱うのかは，かなり難しい問題を投げかける。また，図書館が担う資料・情報の保存の観点からすると，ネット上から消えがちな情報のどの部分を永久保存するのかという問題もある。

こうして，20世紀までの図書館情報学が印刷物を中心としたパッケージ系メディアの流通・組織化・保存・提供を対象としていたのに対して，21世紀の図書館情報学は加えてネットワーク上の情報の流通・組織化・保存・提供を対象とする学問になったということができる（根本編，2013）。時代を通じて，変わらない図書館情報学の課題は，個別に発生する資料や情報をいかに組織的に扱い，共通の基盤で蓄積し利用できるようにするかにある。

引用・参考文献

根本彰編『図書館情報学基礎』（シリーズ図書館情報学1）東京大学出版会，2013.

根本彰「図書館情報学教育の戦後史」中村百合子・松本直樹・吉田右子編『図書館情報学教育の戦後史：資料が語る専門職養成制度の展開』ミネルヴァ書房，2015，pp. 1-49.

平野美恵子「イギリスにおける2003年法定納本図書館法の制定：デジタル時代への対応」『外国の立法』No. 223，2005，pp. 95-107.

山形八千代「フランスの司書養成教育」『現代の図書館』Vol. 43, No. 1, 2005, pp. 3-8.

山田礼子『プロフェッショナルスクール：アメリカの専門職養成』玉川大学出版部, 1998.

Boyer, Jens「ドイツの司書教育：ドイツの歴史的背景と特殊条件を踏まえた現在の司書教育システムとその内容について」(吉次基宣訳)『現代の図書館』Vol. 43, No. 1, 2005, pp. 15-25.

Rubin, Richard. Foundations of Library and Information Science, 3rd ed. Neal-Schuman Publishers, 2010.(『図書館情報学概論』根本彰訳, 東京大学出版会, 2014)

第 2 部
図書館の舞台裏

Behind the scenes of the library

第5章

公共図書館のサービス

池内　淳

1　市民にもっとも近い公共施設

　日本には3000館以上の公共図書館（公立図書館）が存在する。2003年度には，全国の図書館の来館者数の合計は2億人を超えており，10年後の2013年度には，3億1867万人となっている（日本図書館協会調査事業委員会編, 2014）。これは同じ時期の東京ディズニーリゾートの入園者数のおよそ10倍にのぼる。また，2005年に実施された文部科学省による「学習活動やスポーツ，文化活動に係るニーズと社会教育施設等に関する調査」（文部科学省, 2006）によれば，生涯学習施設の認知度においても利用状況においても，「図書館」が第1位となっており，市民にもっとも近い公共施設のひとつとなっていることがうかがえる。

　日本において，こうした親しみやすい図書館像が形成されるようになった契機は，1963年に刊行された『中小都市における公共図書館の運営』（以下「中小レポート」。日本図書館協会, 1963）であった。中小レポートでは「資料提供という機能は，公共図書館にとって本質的，基本的，核心的なものであり，その他の図書館機能のいずれにも優先するものである」とうたわれており，当時，日野市立図書館（東京都）はこの理念を具現化した先進的な図書館であった。また，1970年には，「個人貸出」「児童サービス」「全域サービス」を重点目標とした『市民の図書館』（日本図書館協会, 1970）が刊行され，広く読まれることによって，貸出を中心とした図書館が全国的

に普及していった。

2　貸出サービス

貸出

　資料の貸出は，現在の日本の公共図書館における中心的なサービスのひとつであり，利用者の多くが本を借りるために図書館を訪れている。したがって「年間貸出冊数」や「人口1人あたりの年間貸出冊数」といった統計は，図書館の振興度を測るための効果的な指標とみなされており，全国1位の図書館は新聞などで報道されることもある。

　一般に，貸出のための利用登録ができるのは，その自治体に在住しているか，通勤・通学している人とされていることが多い。一方，より多くの利用者に開かれた図書館とするために，近隣自治体の在住者に登録を許可したり，あるいは，そうした条件をいっさい設けず誰でも登録可能としている場合もある。

　また，利用者が一度に借りられる資料の点数は，10点までとする自治体がもっとも多いが，中には，貸出期間内に読み切れるという条件がつくものの，上限冊数を設けないで何冊でも貸出を許可している図書館も少なからず存在している（池内・中川，2009）。こうした例は世界的にみても珍しく，貸出を重視する日本の公共図書館の特徴のひとつといえる。なお，本の貸出期間は2週間と定める図書館が一般的であるが，3週間とする図書館も増加傾向にある。

　館内では閲覧可能であるが，貸出は認めない禁帯出の資料も存在する。雑誌や新聞といった定期刊行物の最新号や，二次資料（辞書，事典，統計，目録，書誌など）については貸出を認めないことが一般的である。また，なんらかの問題があると考えられた資料について，貸出を行わないと判断する場合もある。たとえば，1993年に出版され，その後，複数の自治体で有害図書指定された『完全自殺マ

ニュアル』（太田出版）は，2015年8月時点で199の図書館が所蔵しているが，そのうち31館（15.6％）が禁帯出扱いとしている。

ユニークな資料の貸出

　図書館では，本以外にも，さまざまなモノを貸し出している。たとえば，絵画などの美術作品を1か月間ほど貸し出すサービスは比較的よく知られている。海外に目を向けると，ボードゲーム大国といわれるドイツでは，公共図書館でボードゲームやカードゲームを貸し出ししているほか，館内にゲームをプレイするための場所を用意しているところも多い。日本国内でも，山中湖図書創造館（山梨県）でボードゲームの貸出を行っている。このほか，米国の複数の自治体では，植物の種子の貸出を行っている図書館が存在する（依田，2013）。これは市民に種を貸し出して栽培してもらい，また種ができたらそれを返却してもらうという趣旨のサービスである（日本では，愛知教育大学附属図書館などで実施されている）。

　もともと米国では，楽器・ゲーム機・調理器具など，資料とは異なるさまざまなモノを貸し出す図書館が存在してきたが，近年では，「モノの図書館（Library of Things）」といったキャッチフレーズのもとに，生活に役立つさまざまなモノをコミュニティで共有しようとする動きが広まりつつある。こうしたサービスによって，図書館を単なる資料の提供機関としてだけではなく，地域コミュニティの核となる公共施設として位置づけることを志向しているといえるだろう。

3　予約と返却を受け付ける

予約

　図書館の所蔵資料が貸出中である場合などに，利用者は「予約（リザーブ）」を行うことができる。これに対して，図書館で未所蔵

の資料に購入依頼や他館への貸出依頼を出すことを「リクエスト」と呼んで区別している。

　人気のある資料については，数百件もの予約がつくことも珍しくない。予約件数が多いということは，その時点で，利用者の要求を充足していないととらえることもできるが，一方で，図書館への期待値を定量的に示しているともいえよう。事実，貸出冊数の多い図書館は予約件数も多いことが知られている。したがって，予約件数もまた，図書館の活発度を測るための指標とみなされてきた。

　2000年前後から，WebサイトでOPACを公開する公共図書館が増えはじめ，利用者は図書館を訪れることなく，図書館の蔵書と貸出・予約状況を知ることができるようになった。また，ネット上からの予約機能を備えた図書館システムの増加にともなって，予約件数は飛躍的に伸びている。

返却

　一般に，図書館は，閉館時でも資料を返却することができるようブックポストを設けている。また，都市部では，自治体内のほかの公共施設，駅，商業施設などといった人々が訪問しやすい場所にブックポストを設置する例も増えている。近年では，串間市立図書館（宮崎県）や所沢市立図書館（埼玉県）のように，コンビニエンスストアで，予約資料の受け取りや返却ができるというサービスを行っている例もある。

4　延滞された資料を督促する

延滞への対応

　英国の図書館情報学研究者パーカーは，日本の公共図書館について，「図書だけでなくCDやビデオの貸出も無料であり，資料の予約料金や延滞料すら徴収していない」（Parker, 2005）と述べている。

欧米の公共図書館では，資料を延滞した場合，罰金を徴収することが一般的であり，延滞資料と延滞料の徴収を代行する企業も存在する。資料の延滞に対して罰金を科すことで，資料の適切な返却が見込まれるだけでなく，財政事情の厳しい図書館においては，新たな資料を購入するための効果的な収入源のひとつとなっている。一方で，延滞料を支払いたくないために，長期間，資料を借りたまま返却しない利用者や，罰金を支払わされたことによって，結果的に，図書館から遠ざかっていく利用者も存在するだろう。

こうしたデメリットを解消するために，まれに延滞料を帳消しにする恩赦プログラムが実施されることがある。たとえば，2012年に，このプログラムを実施したシカゴ公共図書館では，19日間で計10万1301点の資料が返却された。返却された資料の総価値はおよそ200万ドルにのぼり，免除された罰金額は64万1820ドルであったことが報じられている（Doyle, 2012）。ただし，こうしたプログラムを頻繁に行ってしまうと，一部の利用者には「どうせ罰金は徴収されないのだから，ずっと借りておけばよい」という誘因が働き，モラルハザードが起こってしまう。また，お金さえ支払えば，より長く資料を借りたままにしておくことができると判断し，期限までに返却しなければならないという倫理観が，金銭の支払いに置き換えられてしまうかもしれない。

督促

日本では，実際に罰金を徴収する例はみられず，資料の延滞中は貸出・予約サービスが利用できないと規定している図書館が多い。これも日本の公共図書館の大きな特徴のひとつといえる。本章の冒頭で述べた中小レポートや『市民の図書館』（日本図書館協会, 1970）では，延滞料の徴収は労力の割に効果が期待できないため行うべきでないとする一方で，他の利用者へ迷惑をかけないために督促を厳重に行うよう推奨されている。

ただし，延滞に対する督促については興味深いデータがある。ABC分析（Active Based Costing）という手法を用いて，さまざまな図書館サービス1単位にかかる原価を算出した研究によれば，ある図書館では，貸出1冊あたり176円，予約1件あたり566円，督促1件あたり1844円の費用がかかるという（南，2000a, 2000b）。この金額には，督促作業に費やした職員の賃金や電話代・ハガキ代などが含まれている。こうした費用は税金によってまかなわれているから，厳重な督促といっても，そのコストパフォーマンスについて考慮する必要があるだろう。最近では，あらかじめ利用者のメールアドレスを登録しておいて，図書館システムから自動的に督促メールを送信するといった簡便な方法も実施されている。

また，延滞の督促や予約資料が利用可能になった場合など，図書館から利用者にその旨を通知することがあるが，その際には，プライバシーに配慮して，たとえ利用者の家族であっても，（延滞・予約した）タイトルが本人以外に知られることのないようにしなければならない。

5　プライバシーを保護し，蔵書を構築する

貸出履歴の活用とプライバシー

2015年10月，作家の村上春樹が，高校時代に学校図書館で借りた本の帯出者カードの写真が新聞に掲載され，村上氏だけでなく，他の生徒の氏名と貸出記録も報道された（『神戸新聞』2015年10月5日付夕刊）。一部には，著名な作家の貸出履歴は作家研究の一助となる有益な資料であるとする向きもあるが，関係者のプライバシーに対する認識の甘さを指摘する声も多い。テレビドラマやアニメ作品などで，図書館において，あたかも第三者が利用者の貸出履歴などを閲覧できるかのような描写がなされる場合があるが，それらはあくまでもフィクションに過ぎない。

図書館システムには，利用者の氏名・住所・電話番号や，貸出履歴といった個人情報が多く蓄積されており，自治体の制定した「個人情報保護条例」にしたがって，こうした情報を適切に管理するとともに，第三者に漏洩しないよう十分に注意しなければならない。また，公共図書館では，業務上必要な期間を経過したデータを削除することによって，個人情報漏洩のリスクを低減させることが望ましいとされている。

　その一方で，貸出履歴データを，新たなサービスのための資源として活用する図書館も存在する。たとえば，成田市立図書館（千葉県）では，現在借りている本や予約している本などの情報をもとに，本の「おすすめリスト」というサービスを提供している。また，南丹市立図書館（京都府）や下関市立図書館（山口県）などでは，おもに未成年の利用者を対象として，自身の読書を記録し振り返ることのできる「読書通帳」を発行し，市民の読書意欲の向上を図っている。

選書と蔵書構築

　図書館で提供されるさまざまなサービスは，その所蔵資料を基盤として展開されているものが多く，図書館資料は図書館の第一の経営資源ととらえられている。したがって，どのような資料を収集するのかは，司書の専門性が問われる重要な業務のひとつである。

　公共図書館では，あらかじめ，どのような資料を収集するか（あるいは収集しないか）を成文化した「資料収集方針」を定めている。利用者からリクエストされた資料を購入するか否か，あるいは，寄贈された資料を受け付けるか否かといった議題も，この収集方針に照らして選書会議で判断される。実際の選書に際しては，新刊図書リスト，選定図書目録，新聞の書評欄など，資料に関するさまざまな情報源を参考にするほか，取引している書店から「見はからい本」と呼ばれるサンプル本を預かり，現物を手にとってみて購入す

るかどうかを決定する場合もある。

　一定の予算制約のもとで，自治体にとってより効果的な選書が行えるようにするためには，資料に関する知識，自館の蔵書構成，資料の貸出・予約状況などのほか，自治体の人口動態や産業構成などの社会経済的状況といった多様な観点について把握しておく必要がある。

　一方で，新しく図書館を設置する場合，一度に大量の資料を購入することとなるため，十分な精度の選書作業が行われにくいのではないかという懸念もある。これに関して，2013年に武雄市図書館（佐賀県）がリニューアルオープンする際，新たに購入した1万冊の資料のなかに，古い実用書など市立図書館の蔵書として不適切であると考えられる資料が複数含まれていることが指摘され問題となった。この図書館を管理運営する企業は，購入後2年半たって，まだ一度も借りられていない資料が1万冊中1630冊あることから，新たに別の本を1630冊寄贈することを表明するなど対応に追われた。

6　どこにいても使えるサービス

全域サービス

　図書館の利用は，地理的・時間的制約を受けやすい。公共図書館では，全域サービスを達成するために，ブックモービル（自動車図書館，移動図書館）を活用したり，団体貸出を行うなどしている。図書館界では，日野市立図書館（東京都）の「ひまわり号」や置戸町立図書館（北海道）の「やまびこ号」のように，広く知られたブックモービルもある。また，2011年の東日本大震災によって公共図書館も被災したが，こうした状況のなかで，シャンティ国際ボランティア会では，移動図書館プロジェクトを立ち上げ，被災地の仮設住宅をまわって図書館サービスを提供する活動を続けており，改めてブックモービルの有効性が再評価されている（鎌倉, 2015）。

また，最近では，資料の郵送サービスを実施する図書館も増えている。その際，郵送費は利用者負担となるが，図書館に訪れることが困難な利用者に対しては無料でサービスを行うこともある。世田谷区では，図書館が設置されていない地域に「図書館カウンター」という出張サービスポイントを設置して図書館に行かなくても資料を借りられるサービスを提供し，図書館空白地帯を埋める全域サービスを展開している。

電子書籍サービス

　電子書籍サービスはネットに接続できる環境があれば，どこにいても 24 時間利用可能であることから，究極の全域サービスであるといえるかもしれない。アメリカ図書館協会の調査によれば，2015 年時点で，米国内の公共図書館の 94％が電子書籍を提供している。また，年間の資料費のうち 6.3％程度が電子書籍のために費やされており，各館の提供タイトル数の中央値は 1 万 4397 点であるという（Girmscheid and Genco eds., 2015）。

　その一方で，日本の公共図書館において電子書籍サービスを実施しているのは 54 自治体に止まっている（2016 年 10 月時点；池内, 2016）。日本では，まだ電子書籍市場が黎明期にあり，図書館に提供可能な電子書籍のタイトルがきわめて少ないため，コストパフォーマンスが低くなるからと考えられる。また，従来の紙の書籍とは異なり，電子書籍の場合，資料を所蔵するのではなく，資料へのアクセス権のみを購入するという点にも留意しなければならない。

未来の図書館サービスと司書の役割

　2013 年 9 月，米国テキサス州サンアントニオ市に，「ビブリオテック（Biblio Tech）」という名称の公共図書館が開設された。これは，米国初の紙の本をもたないブックレスの公共図書館であるということで大きな話題を呼んだ。開館当初は，まったく本のない図書

館に対して,利用者の戸惑いもあったそうだが,順調に利用者を獲得していき,開館後の1年間で,約10万9000人の来館者があり,6万7569冊の電子書籍が借りられたとのことである(Warburton, 2014)。

1990年代以降,情報基盤と情報技術の進展にともなって,随所で,電子図書館に関する議論が行われるようになった。そこでは,伝統的な冊子体だけの図書館と,完全なるペーパーレスの電子図書館とが対比され,われわれはその変化の過程にあるのだという認識が共有された。現在では,冊子体資料の多くが電子情報資源に置き換えられつつあるものの,それでもなお,紙の本はなくならないだろうという見解が定着している。

電子図書館に関する議論が盛んになる一方で,「場としての図書館」の役割も再評価されるようになった。近年,カフェや書店を併設するなど,快適な読書空間を提供する滞在型図書館も増えている。

新しい時代の公共図書館をどのように設計するのか,その際,司書にはどのような役割が求められ,どのような専門性が発揮されるべきであるのかを検討することも図書館情報学の大きな使命のひとつであるといえるだろう。

引用・参考文献

池内有為.日本の公立図書館による電子書籍/電子図書館サービス.
〈http://oui-oui.jp/eb-lib/〉(2016年10月10日閲覧)

池内淳・中川恵理子「公立図書館の蔵書構成比と貸出規則に関する実態調査」2009年度三田図書館・情報学会研究大会,2009.

鎌倉幸子「東日本大震災後行われた移動図書館活動からみえた「図書館」の持つ力:走れ東北! 移動図書館プロジェクトを事例に」『明治大学図書館情報学研究会紀要』No. 6, 2015, pp. 30-35.

神戸新聞「村上春樹さん 高1でケッセル愛読 神戸の母校に貸し出し記録」『神戸新聞』2015年10月5日付夕刊

⟨http://www.kobe-np.co.jp/news/bunka/201510/0008458279.shtml⟩（2016年10月10日閲覧）

日本図書館協会『中小都市における公共図書館の運営：中小公共図書館運営基準委員会報告』1963, 217p.

日本図書館協会『市民の図書館』1970, 151p.

日本図書館協会調査事業委員会編『日本の図書館：統計と名簿 2014年版』日本図書館協会, 2014.

南学「サービス原価を基礎にした「行革」議論を（上）」『地方行政』No. 9314, 2000a, pp. 2-7.

南学「サービス原価を基礎にした「行革」議論を（下）」『地方行政』No. 9316, 2000b, pp. 2-6.

文部科学省「学習活動やスポーツ, 文化活動に係るニーズと社会教育施設等に関する調査」2006.

依田紀久「公共図書館で"種, 貸します"」カレントアウェアネス-E, No. 232, 2013. ⟨http://current.ndl.go.jp/e1398⟩（2016年10月10日閲覧）

Doyle, Bridget. Chicago Public Library closes book on amnesty: Users return 101,301 overdue items worth $2 million. Chicago Tribune. 2012-09-11. ⟨http://articles.chicagotribune.com/2012-09-11/news/ct-talk-library-amnesty-wrap-upp. 0912-20120912_1_overdue-items-library-spokeswoman-ruth-lednicer-library-users⟩（2016年10月10日閲覧）

Girmscheid, Laura and Barbara Genco eds. Ebook Usage in U. S. Public Libraries Sixth Annual Survey. American Library Association. 137p, 2015.

Parker, Sandra. Public Library in Japan: A Glimpse of the Far East. Update: Library + Information. 2005, Vol. 4, No. 12, pp. 33-35.

Warburton, Bob. San Antonio and Bexar County Debate Library Funding. Library Journal. 2014. ⟨http://lj.libraryjournal.com/2014/10/budgets-funding/san-antonio-bexar-county-debate-library-funding/⟩（2016年10月10日閲覧）

第6章

大学図書館の仕事と経営

中山伸一・加藤信哉

1　大学図書館って何をしているところ？

　大学図書館職員は，資料の収集・保存や提供に関するさまざまな知識を駆使して，利用者の要望に応えることを仕事としている。しかし，限られた人やお金という資源のなかですべての要望がかなえられるわけはなく，目標に向かって何を行い，何を行わないかという経営の視点が必要になる。本章では大学図書館の仕事と役割，さらにそれを経営する事務長，図書館長の仕事を紹介する。

本を選びそろえる

　図書館といってまず思い浮かべるのは書棚に並んだ本や雑誌であろう。大学図書館にも当然本があり，それを利用者が館内で読んだり，借り出したりする。しかし，公共図書館や学校図書館とは取りそろえている本の種類が異なる。公共図書館にみられる小説のようなものはほとんどないし，学校図書館にみられる児童・生徒向けの本も教育系の大学などを除いてはほとんどない。大学図書館には，大学の目的である大学生や大学院生，教員の教育と研究のために必要な本が並べられている。

　大学図書館がそろえる本の種類は，大学設置基準第38条1項で，「大学は，学部の種類，規模等に応じ，図書，学術雑誌，視聴覚資料その他の教育研究上必要な資料を，図書館を中心に系統的に備えるものとする」と定められている。こうした本を選書するのは，大

学図書館職員の仕事である。その際，授業を担当する教員の意見を取り入れる必要があるし，専門性の高い研究書や学術雑誌については教員が中心となり選書する場合もある。

情報システムの運営と契約

　同じ条文の2項では，「図書館は，前項の資料の収集，整理及び提供を行うほか，情報の処理及び提供のシステムを整備して学術情報の提供に努める」と述べられている。この背景には，コンピュータやインターネットの発展がある。今やほとんどの大学図書館では本を探すのに OPAC（Online Public Access Catalog）と呼ばれる目録システムが使われている。学術雑誌の論文もデータベースなしで探すことは考えられない状況である。さらに学術雑誌は電子ジャーナルが一般的となり，研究者は図書館に行かずに自分の研究室のパソコンなどから論文を読むことができるようになりつつある。このように，大学図書館に情報システムは必須のものとなった。

　加えて，近年学術情報発信の役割が大学図書館に任せられるようになり，大学の教育研究成果を電子的に蓄積し，発信する機関リポジトリ（第3章第3節参照）の運営が大学図書館の仕事になりつつある。それら多様なシステムの仕様を定め，業者とやりとりをしながらシステムを導入し，運営するのも大学図書館職員の仕事であり，大学図書館職員にはそれに対応できる能力が必要とされる。

　また，電子ジャーナルだけでなく電子書籍も広まってきている。紙の本と同様に，その選書および導入・提供も大学図書館の役割である。電子ジャーナルや電子書籍などの電子リソースの契約は複雑であり，その契約業務を行うための知識が大学図書館職員には求められる。

他館との協力

　条文2項の終わりでは，「前項の資料の提供に関し，他の大学の

図書館等との協力に努めるものとする」と述べられている。これは，大学図書館間での本の貸借や文献複写などを指している。所蔵していない本や雑誌を，それを所蔵しているほかの大学図書館などから現物もしくは複写物で取り寄せ，利用者に提供するというサービスは古くからある。また，外国雑誌を体系的・網羅的に収集するため，特定の領域の雑誌を特定の大学図書館が収集するという外国雑誌センター館制度という取り組みもある。しかしながら，電子ジャーナルの台頭により雑誌に対するこれら取り組みの重要性は薄れつつある。

一方で，モノとしての冊子体資料の保存にはスペースが必要であり，多くの大学図書館はその置き場所の確保に頭を悩ませている。資料の収納力が高い自動書庫はひとつの解決法である。また，複数の大学図書館が同じ冊子体資料を重複して所蔵している場合，ひとつだけを残して他を捨て，使うときには残したものを相互に利用するシェアードプリントの試みも検討されている。そのようなことを構想し，実現していくのも大学図書館職員の仕事である。

場の提供

条文の4項と5項では，利用者に学習や研究を行える場を提供することが示されている。公共図書館や学校図書館と同様に，大学図書館でも，個人の学習や研究のために個人用の机と椅子を設置した静かな環境が提供されている。これに加えて，近年の大学の教育では，問題解決のための主体的学習ということが強調されるようになり，ラーニングコモンズが置かれる場合が多くなった。静かな学習・研究の場と，問題解決のために複数の人の議論や対話が許される場をどのように両立させて提供するかを検討するとともに，主体的学習を支援するラーニングアドバイザーを雇用するなど，場の利用をうながす方策を考えるのも大学図書館職員の仕事である（加藤・小山　2012）。

2　大学図書館の経営

　大学生は大学に授業料を払うが，大学図書館に入館するのにお金を払うことはしない。また，本を借りたりレファレンスサービスを受けるのも無料である。大学図書館は大学のシステムのなかに組み込まれており，大学全体の運営経費から配分されたお金で運営されている。大学図書館職員も大学の職員という位置づけで，大学図書館が給料を支払うのではなく，大学が給料を支払う。このように考えると，大学図書館は大学のためにあり，大学の方針に沿ってその運営が行われる大学の一部であるととらえられる。

　そのようななかで，大学図書館を運営していくには，多様な視点が必要になる。まずは利用者である学生や教員の視点，そしてサービスを提供する大学図書館職員の視点，さらに大学の経営者からの視点である。利用者はたくさんのサービスが実現されることを望んでおり，大学図書館職員はその要望に可能な限り応えながら理想の大学図書館を作り上げることを望んでおり，経営者はできるだけ少ないお金と人で最良のサービスが提供されることを望んでいる。大学図書館の運営は，そのバランスをどのようにとっていくのかという調整を行うことといえよう。

　しかし，単に調整だけを行っていては一貫した運営はなされない。組織を経営するには，その組織がどのような役割・使命をもっており，そのためにどのようなことを行っていくのかという目標が必要といわれている。大学図書館も，経営をするには目標を定める必要があり，多くの大学図書館は前節で述べた大学設置基準に盛り込まれた大学図書館の役割を包むような目標を定めている。大学図書館が行う仕事がその目標にどうかかわるのかを明確にし，いかに効率的にそれら目標を実現していくのかを考えるのが経営の柱となる（加藤，2011）。

　大学図書館のもつ目標に向かう運営方針などを最終的に決定する

図 6-1　大学における大学図書館の位置づけ

のは，一般的には教員をメンバーとする運営委員会である。委員会ではかられる内容は，図書館長と事務長を中心に大学図書館職員が事前に準備し，委員会では図書館の利用者としての教員の意見を反映させてその修正を行う。運営委員会の役割には，合議制により多様な意見を聴取するほかに，図書館の運営が目標に沿っているかを監視する側面もある。

　運営委員会で定められた方針にそって，個々の大学図書館職員は日常的な活動を行うことになる。

3　大学図書館事務長の仕事と悩み

　大学図書館の事務長（図書課長，学術情報課長などとも呼ばれる）はその名前のとおり図書館の事務組織の責任者であり，大きな組織では部長，通常は課長相当のポストである。図書館の実際の業務やサービスは担当者が行っているので，事務長は図書館長を補佐し図書館の多様な業務の取りまとめと他部署との連絡・調整を行っている。いわばゼネラル・マネージャーの役割を果たしている。

　大学は予算や職員の削減が進み，それとともに大学図書館も厳しい状態に置かれている。職員を採用する理由の多くは定年で退職する職員の補充であるが，必ずしも退職者に見あう人数を採用できるわけではない。人事担当部署への相談と了解が不可欠である。国立大学図書館の場合，所属する地区で行われる国立大学法人職員採用試験の合格者から採用することになる。図書系職員については図書

館の専門的知識を考課するために全国共通の第二次専門試験を行い，有能な人材の確保に努めている。

　第1節で述べたように現在の大学図書館では，ラーニングコモンズや機関リポジトリの運営，電子ジャーナルをはじめとする電子リソースの契約やサービスなど新たな業務が出現している。そのため，職員研修による知識やスキルの向上が重要となっている。業務での研修のみならず，経験や担当業務に応じた多様な研修が外部で行われている。大学図書館の若手職員を対象とする大学図書館職員短期研修（京都大学附属図書館・東京大学附属図書館），中堅職員を対象とする大学図書館職員長期研修（筑波大学）はその代表的なものである。国立大学ではさまざまな業務を経験させることにより職員の育成を図っており，3年程度で担当職務を異動することが多い。図書館職員も例外ではない。大学の職員として視野を広げるために図書館と他部署との人事交流を進めているところもある。大学の事務職員と同様に図書館職員も採用を控えていた時期があり，年齢構成にアンバランスが生じている。国立大学の場合，同じ地区にある大学どうしの図書系職員の人事交流によって平準化や職員の資質の向上を図っている。

　国立大学図書館では2004年度の国立大学法人化によって管理運営の形態も変わってきた。大学の6か年の中期目標・中期計画に沿って図書館も部局としての年度計画を策定し，事業を実施している。当然年度末には自己評価を行い，外部評価を受けることになる。評価は事業だけに限られるわけではない。人事評価も半年ないしは1年ごとに実施されている。これは職員の能力開発の一環として行われており，昇給や昇任などの処遇の参考にもされている。

　予算の確保も大きな仕事である。大学図書館は自己収入がほとんどないので活動の裏づけとなる予算は大学本部から配分してもらうことになる。次年度予算の要求は前年度に行う。大きな事案としては，概算要求がある。国立大学が文部科学省を介して大学の要望を

国に提出することを概算要求という。図書館も，建物の増築などの大規模な事柄は概算要求を行う。それ以外の場合は，学内予算としての要求となる。予算の要求は，図書館単独ではできないので財務担当部署との相談・調整が欠かせない。さらに大学外からの収入を求めて，図書館振興財団などによる助成に応募するなど，外部資金の獲得にも努めている。

このように大学図書館の事業・活動は必要な資源をすべて外部に依存している。図書館長の指示のもとにステークホルダー（利害関係者）である大学の執行部，他部署に大学図書館の活動の成果を報告するとともに広報し，理解してもらい，人やお金やモノを獲得するために知恵を出し，汗をかき，時には叱られるのが大学図書館の事務長の仕事である。

4　大学図書館長の仕事と悩み

大学図書館長がどのような仕事をしているのかを知っている人は，あまりいないと思われる。そこで，筆者が大学図書館長として行った仕事とそれに必要な知識について少しまとめてみよう。

大学内の仕事

大学図書館長は大学図書館の長なので，大学図書館という組織を束ねる役割を担う。大学図書館の運営方針を決定する組織は先に述べた運営委員会であり，図書館長はその議長となる。議事内容については事前の打合せが必要で，審議や報告することの内容や配布資料の確認を担当課長などと行う。この役割のためには，大学図書館の規則や運営，議事進行に関する知識が必要である。

大学図書館の日々の活動状況も確認する必要がある。そのために週に1回ほどの頻度で会議を行い，各担当部署の活動状況の報告や新たな取り組みの提案を受け，問題点の指摘や取り組みに対する指

示を行う。そのため，大学全体の状況，他の大学図書館の状況などの知見をもっている必要がある。

　大学図書館は大学のなかにある一組織であり，大学図書館を運営するために必要なお金や人は大学に求める必要がある。その作業は前節で述べたように事務長が中心となり行うが，大学の執行部やほかの組織の長との折衝や調整などは最終的に図書館長が行う。資料購入の仕組みや図書館システムなどを含めて大学図書館の事情を詳しく知らない学長や副学長などにわかりやすく事情を説明し，要求を伝えることが肝要となる。

　大学全体の運営に加わることも図書館長の仕事のひとつである。そのため，大学全体のことを検討する委員会のメンバーになる場合が多い。そこでは，大学図書館という組織の利益代表者としてとともに，大学という組織にかかわる者として発言する役割が求められる。

　以上はあくまでひとつの国立大学の図書館長としての事例である。これらがすべての大学図書館長にあてはまるとは限らないことをご理解いただきたい。

　大学によっては，図書館長が副学長や理事を兼ねるような場合もある。その場合はさらに大学運営にかかわる度合いが増えることになる。

大学外の仕事とかかわる組織

　大学図書館は，学外機関との連携のために，いくつかの組織を作っている。これら組織については，露出度が低く，知らない人がほとんどと思われるので，少し詳しく紹介したい。

　日本にはその設置母体の種類によって，国立大学図書館協会，公立大学協会図書館協議会，私立大学図書館協会という組織がある。そこでは，単独の大学図書館では対応できないような問題に対処しようとしている。たとえば国立大学図書館協会では「国立大学図書

館ビジョン 2020」のような大学図書館の将来構想についての提案を行っている。

　日本の大学図書館界全体の問題に対応するため，3 つの組織は，「国公私立大学図書館が相互に協力して，大学図書館運営に共通する問題を検討し，その改善を図ること」を目的に国公私立大学図書館協力委員会を設置している。協力委員会は大学図書館にかかわる情報や研究成果の共有，大学図書館における著作権についての検討と出版社との折衝，大学図書館職員の研修や啓発のためのシンポジウム開催，海外との文献複写などの相互協力の支援など，日本の大学図書館界全体に共通する問題に設置母体の枠をこえて取り組んでいる。

　さらに国公私立大学図書館協力委員会は，「昨今の学術情報の急速なデジタル化の推進の中で，我が国の大学等の教育研究機関において不可欠な学術情報の確保と発信のいっそうの強化を図ること」を目的に国立情報学研究所と連携・協力の推進に関する協定を締結し，大学図書館と国立情報学研究所との連携・協力推進会議を設置している。連携・協力推進会議では，電子リソースにかかわる図書館職員の人材育成，出版社との電子リソースの価格交渉，将来の総合目録データベースの構想，機関リポジトリの環境整備と将来構想など，日本の学術情報流通にかかわるさまざまな事柄を扱っている。

　これらの組織の詳細な活動を述べるには紙面が足りないが，興味のある人は，参照 URL にあげた組織のホームページを参照いただきたい。図書館長はこれらの組織の会議に出席するが，組織を実質的に運営しているのは大学図書館職員であり，大学図書館はこれらの組織を通してさまざまな協力を行いながら，大学図書館界の問題に対処しようとしている。

将来の大学図書館と図書館長の悩み

　大学図書館には，現在の学術情報流通のさまざまなひずみをどの

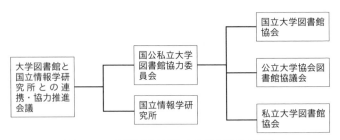

図6-2　大学図書館がかかわる大学外の組織

ように解消するのかを考えること，情報の電子化により図書館という場の必要性が薄れたがその代替としての新たな役割を考えることなど多様な問題を解決することが求められている（逸村・竹内 2005）。日々のサービスの提供に忙しい大学図書館職員は，なかなか将来の構想を考えることはできない。その役割を担うのは図書館長や事務長であり，管理職の大学図書館職員である。一方，既存のサービスは引き続き充実させていく必要があり，新たな取り組みは大学図書館職員の負担となる。どのように大学図書館職員の負担を減らし，新たな取り組みを行える状況を作るのかはたいへん難しい問題である。

引用・参考文献

逸村裕・竹内比呂也編『変わりゆく大学図書館』勁草書房，2005.
加藤好郎『大学図書館経営論』勁草書房，2011.
加藤信哉・小山憲司編訳『ラーニング・コモンズ』勁草書房，2012.

参照 URL

国立大学図書館協会〈http://www.janul.jp〉
公立大学協会図書館協議会〈http://www.japul.org〉
私立大学図書館協会〈http://www.jaspul.org〉
大学図書館と国立情報学研究所との連携・協力推進会議〈http://www.nii.ac.jp/content/cpc/〉

第7章

学校図書館の活動

平久江祐司

1　日本の学校図書館の発展

　日本の学校図書館は，第二次世界大戦後，主に米国の図書館思想を取り入れ発展してきた。そして，近年，学校図書館は「ひとりで静かに読書をする部屋」から学校のさまざまな学習活動を支援したり，他の学校図書館や公共図書館などと連携・協力して地域全体の読書活動を支援したりする「主体的な学びのセンター」へと徐々に変貌を遂げつつある。

　そこで本章では，こうした近年の学校図書館活動の全体像を概観し，その現状や課題，今後の展望について論じる。

　学校図書館は，もちろん第二次大戦以前の学校にもあった。こうした戦前の学校図書館の活動については，『日本学校図書館史』（塩見，1986）に詳しく書かれている。当時の学校図書館は，ほとんどが利用者が自由に手にとって図書館資料を見ることができない閉架式の図書館であり，書庫としての性格がきわめて強いものであった。現在のように開架式の蔵書をもち，さまざまな図書館サービスを提供する学校図書館が誕生するのは，第二次世界大戦後日本に新教育が導入されて以降のことである。こうした新教育では，児童・生徒が学習においてさまざまな観点に立った図書資料に触れることが重視された。戦後最初に文部省が作った『学校図書館の手引』には，「学校図書館は，学習指導の中心とならなければならない」（文部省編，1948）とその重要性が述べられている。学習においてさまざま

な図書資料を提供する学校図書館が，豊かな学びを実現するために不可欠であるとの認識は，学校図書館を考えるうえでもっとも根底にあるものといえる。

　学校図書館の目的や役割については，1953年に単独法として制定された「学校図書館法」のなかに規定されている。その第2条には，学校図書館の目的として「学校の教育課程の展開に寄与する」こと，「児童又は生徒の健全な教養を育成する」ことがあげられている。そのため，学校図書館は「奉仕機関」と「指導機関」という2つの性格を有する。それを支えるのが，学校図書館の図書館資料を「収集し，整理し，保存し，これを児童又は生徒及び教員の利用に供する」役割である。これらの役割は，学校図書館担当者によってさまざまな図書館サービスとして具現化される。こうした図書館サービスについては，同法第4条に(1)図書館資料の収集と提供，(2)図書館資料の分類排列と目録の整備，(3)読書会，資料展示会などの図書館行事の開催，(4)図書館・図書館資料の利用に関する指導，(5)図書館，博物館，公民館などとの連携・協力などがあげられている。

　学校図書館の近年の整備充実の歩みを概観すると，1997年の学校図書館法の改正により，同法に規定された司書教諭が12学級以上の大規模校に配置されることになる。2001年には「子どもの読書活動の推進に関する法律」が制定され，国や地方自治体が子どもの読書活動推進に関する施策を総合的に行うための計画を策定するようになり，学校図書館と公共図書館の整備や連携協力が推し進められることになる。また2005年には「文字・活字文化振興法」が制定され，学校教育における「言語力の涵養」（第8条）のために，学校図書館の人的体制や物的条件の整備などに関して必要な施策が推し進められるようになる。さらに2014年には，学校図書館法がふたたび改正され，第6条で学校司書の配置が努力義務ではあるが新たに規定された。

　このように1990年代中頃以降，学校図書館に関連する法律の改

正や制定が行われ,学校図書館を取り巻く環境は大きく変わってきている。

2 学校教育と学校図書館

では,こうした学校図書館は,現在の学校教育においてどのような役割が期待されているのであろうか。

これについては『学習指導要領』を見る必要がある。その「総則」のなかでは,「学校図書館を計画的に利用し,その機能の活用を図り,児童の主体的,意欲的な学習活動や読書活動を充実すること」(文部科学省編,2008)と記述されており,学校教育における学校図書館の役割が児童生徒の自主的な学習活動や読書活動の充実にあることがわかる。これらを実現するために必要な学校図書館の機能として,読書センター,学習センター,情報センターの3機能が提唱された(児童生徒の読書に関する調査研究協力者会議,1995)。学校図書館をセンターとする捉え方は,旧来の静的な学校図書館観に対して,動的な学校図書館観と呼ぶことができるであろう。ここでいうセンターは,単に位置的な中心というだけではなく,機能的な中心としての意味をもつ。つまり,これは学校の資料・情報の活用の位置的,機能的な中心機関として学校の教育課程を支援していく,非常にアクティブな学校図書館像である。こうした学校図書館観の転換は,学校図書館の研究に新たな広がりをもたらしている。

学校図書館のこうした役割の変化は,日本の学校図書館だけにみられるものではない。1999年にユネスコ(UNESCO)と国際図書館連盟(International Federation of Library Associations and Institutions: IFLA)が共同で出した「学校図書館宣言」では,学校図書館の目的を「児童生徒が責任ある市民として生活できるように,生涯学習の技能を育成し,また,想像力を培う」(長倉美恵子・堀川照代訳)としている。また,その役割を「情報がどのような形態あるいは媒

体であろうと，学校構成員全員が情報を批判的にとらえ，効果的に利用できるように，学習のためのサービス，図書，情報資源を提供する」ことにあるとしている。ここに示された学校図書館観は，やはり読書環境の提供を重視する旧来の静的な学校図書館観ではなく，生涯学習に必要な技能の育成を重視する動的な学校図書館観であるといえる。

3 学校図書館活動の実際

1990年代以降の学校図書館の人的・物的な整備充実の動向に支えられて，読書センター・学習センター・情報センターとしての機能を備えた学校図書館づくりが各地で進められている。こうした新しい学校図書館についていくつか紹介したい。

石川県白山市立蕪城小学校は，2006年に開校したレンガ造りの外観とオープンスペースを取り入れた校舎をもつモダンな学校である。その学校図書館はメディアホールと呼ばれ，オープンスペースに設置された明るく開放的な施設である。広さは6教室ほどのスペースに40席の閲覧席があり，蔵書数は約1万6000冊で，図書以外にもインターネット検索用のPCが4台設置され，コンピュータ室にも隣接しているなど充実した施設設備を備えている。図書館活動は，「児童が本に触れる機会を多くし，本を読むことや調べ学習の楽しさを味わせ，情操豊かな子どもを育てる」ことを目標に，「図書館利用年間計画」が立てられ，読書指導と利用指導の両面から学習に活発に利用されている。また，運営は兼任の司書教諭1名と専任の学校司書1名によって行われ，始業時から下校時まで常時開館され，児童がいつでも利用できるたいへん居心地の良い場所となっている。

こうした学校図書館の活動を支援するために，白山市には学校図書館支援センターが設置されている（大橋，2011）。学校図書館支援

白山市立蕪城小学校図書館

センターには専任の支援員が配置され、教員向けレファレンスサービス、学校間・学校と公共図書館間の本の相互貸借システムの運営、絵本パックの提供、学校司書の研修会の開催、広報活動など多様な役割を果たしている。また、学校図書館支援センターは、学校図書館担当者への連絡・調整、指導・助言を通じて、地域の学校図書館の連携協力を支える役割を担っている。こうした学校図書館支援センターの設置は、2000年以降全国的にみられるようになっており、日本の公立学校の図書館活動を支える重要な機関となってきている。

また、私立学校においても、新しい学校図書館づくりが進められている。東京都調布市にある明治大学附属明治高等学校中学校図書館は、2008年に建設された中高一貫校の図書館である（江竜, 2013）。施設は、8教室ほどの広さで2階と3階部分が吹き抜けになっている開放的な構造をもつ。蔵書数は約4万3000冊で、蔵書検索用PC4台、インターネットに接続可能なノートパソコン50台などを備えており、公立学校とは比較にならない充実した施設設

明治高等学校中学校図書館

備となっている。運営は、専任の司書教諭1名と非常勤の学校司書2名によって行われ、館内にはレファレンスデスクが設置され学習案内や読書案内などの支援を生徒や教員に提供している。また専任の司書教諭が中心となり、生徒の利用指導を積極的に行っている。特に、利用指導においては、図書館の使い方からデータベースの検索法、レポートの作成法など質の高い指導が行われている。そのための指導計画の立案、ワークシートや授業プリントなどの教材作成も学校図書館担当者の重要な役割となっている。

これらの学校図書館に共通するのは、学校図書館が読書・学習・情報センターとして機能するために施設設備を管理し、学校の教育課程と有機的に連携しながら学校図書館を計画的に運営することのできる専任の学校図書館担当者がいることである。こうした専任の学校図書館担当者に求められるのは、質の高い学校図書館活動を生み出す経営者としての役割であるといえる。

4　学校図書館の経営とは

　では，こうした学校図書館の経営は，どのように行われるのであろうか。これまでの学校図書館の経営は，熟練の図書館担当者の勘や経験に頼ってきた。しかし，こうした「場当たり的な学校図書館経営」では，他の教員から学校図書館への協力は得られないし，また学校図書館の将来像を描くことはできない。そこで，学校図書館を計画的に利用し，その機能の活用を図ること，すなわち学校図書館の経営が必要になる。

　しかし，日本の学校図書館に経営の概念が取り入れられるのは，それほど古いことではなく，新しい学校図書館作りが行われるようになった1990年代以降である（平久江，2005）。それにともない，学校図書館の経営において計画（Plan），実行（Do），評価（Check），改善（Action）からなる経営サイクルの確立が重視されるようになった。こうした経営サイクルの確立は，学校図書館活動が学校全体の教育活動と連動していくためには不可欠である。そのため，学校図書館担当者は，管理職や他の教員から学校図書館への理解と協力が得られるように，常に積極的に働きかけていくことが必要である。

　学校図書館の活動は，地域の事情や校種によってかなり異なるので一様に論じることは難しいが，その活動内容を大きく分けると，

表7-1　学校図書館の活動

(1)計画づくり	経営計画（運営計画，全体計画，評価計画などの作成），諸規則，予算などの作成など
(2)組織づくり	図書館担当者の役割分担，ボランティア活用，外部機関との連携，校内研修など
(3)図書館づくり	蔵書構成（基本図書の構築，複本の購入，リクエストなど），情報機器の導入など
(4)授業づくり	情報教育の指導カリキュラム，指導計画の作成，チーム・ティーチング（T. T.）の実施など

表7-1の4つの活動に整理することができる。

このような学校図書館の活動を効果的・効率的に行っていくことが、学校図書館経営の目的であるといえる。

5 学校図書館担当者の役割と資質

学校図書館の経営を担当する人に目を向けると、まずその専門的職務を担当する司書教諭と学校司書があげられる。ほかにも学校図書館には、学校図書館主任、係り教員、学校図書館ボランティアなどもいるが、おおむねこれらの2職種が学校図書館担当者と呼ばれる人である。この学校図書館担当者については、学校図書館法に規定されている。まず司書教諭は、司書教諭の講習を修了した教員をもって充てる教育職であり、「学校図書館の専門的職務を掌らせる」（同法第5条）とされ、学校図書館の経営を総括する役割を担う。一方、学校司書は、「専ら学校図書館の職務に従事する」（同法第6条）役割を担う職員であり、必ずしも教育職である必要はない。これらの役割を踏まえて、両職種には学校図書館の職務を効果的に分担・協働していくことが求められている。

こうした司書教諭と学校司書の現在の配置状況（小中高全体に占める割合）は、文部科学省の「学校図書館の現状調査」（2016）によると、表7-2のようになっている。この表のように、学校図書館担当者の配置の現状は、全体としてみると司書教諭は約69％、学校司書は約56％に過ぎず、まだまだ十分であるとはいえない。また、

表7-2 学校図書館の人的整備状況（2016.4調べ）

配置状況	小学校	中学校	高等学校	全体
司書教諭	68.0% (99.3%)	65.0% (98.3%)	84.5% (96.1%)	68.5% (98.0%)
学校司書	59.2%	58.2%	66.6%	56.3%

＊司書教諭の（　　）内は12学級以上の学校

小中学校と高等学校における学校司書の配置率の差が大きいことや小規模校（11学級以下）における司書教諭の配置の促進などの課題が見られる。

　学校図書館担当者の養成方法については、司書教諭は講習や大学の司書教諭課程などで取得することができる「学校図書館司書教諭資格」が制度化されており、その専門性が担保されている。しかし、学校司書にはこれに相当する資格はない。そのため、これを改善していく動きもみられ、2013年以降文部科学省に設置された学校図書館に関する調査研究協力者会議において学校司書の資質や資格についてさまざまな検討がなされてきている。

　こうした学校図書館担当者の資格の在り方は、学校図書館担当者の専門的技能や知識をどのように育成し、さらにはその採用や配置をどのように行うかに広くかかわる問題である。それぞれの国において、学校教育や学校図書館の実情に合致した質の高い学校図書館担当者の養成制度を確立し、それを発展させていくことが求められている。日本においては、学校司書の養成制度の確立が今後の喫緊の課題といえるであろう。

6　将来の展望

　これまで学校図書館が、読書センター、学習センター、情報センターとしての機能を備え、地域と連携協力する学校図書館へと変貌しつつある現状とその課題について概説してきた。現在、学校教育において「言語活動の充実」が重要な教育課題となっており、学校図書館に対する期待は、ますます高まっていくものと思われる。こうした期待に学校図書館が応えていくためには、実践面の充実だけでなく、それを理論面から支えていく学校図書館研究の充実が不可欠である。こうした学校図書館研究の領域は次のように整理できる。

(1)国内外の学校図書館の制度と経営
(2)学校図書館と社会教育機関との連携・協力
(3)学校図書館担当者の養成と研修
(4)学校図書館における学習・読書支援

　学校図書館は，他の館種に比べると規模こそ小さいが，日本のなかでもっとも数が多い図書館でもある。また学校図書館担当者は，図書館のサービスの提供だけでなく，読書指導や利用指導，図書館の運営，他の学校や機関との連携協力など，他館種に比べても多様な役割を担っている。こうした学校図書館やその担当者について調査研究を行う学校図書館研究は，図書館情報学のなかでも重要な位置を占めているといえる。

引用・参考文献

江竜珠緒「学校図書館における情報サービス：明治高等学校中学校図書館の実践」『明治大学図書館情報学研究会紀要』No. 1, 2013, pp. 31-36.

大橋留美子「学校図書館機能を強化する支援センターとネットワークを生かしたきめ細かな学校図書館支援(5)白山市学校図書館支援センター」『学校図書館』No. 733, 2011, pp. 68-71.

塩見昇『日本学校図書館史』全国学校図書館協議会, 1986, 211p.

全国学校図書館協議会編「ユネスコ・国際図書館連盟共同学校図書館宣言」『学校図書館・司書教諭講習資料』第7版, 全国学校図書館協議会, 2012, pp. 105-108.

児童生徒の読書に関する調査研究協力者会議『報告』1995, 12p.

平久江祐司「新しい教育環境と学校図書館メディアセンター経営」『学校図書館メディアセンター論の構築に向けて：学校図書館の理論と実践』勉誠出版, 2005, pp. 8-9.

文部科学省編『中学校学習指導要領』東山書房, 2008, p. 18.

文部省編『学校図書館の手引』師範学校教科書, 1948, p. 3.

第8章

国が考える図書館政策

溝上智恵子・毛利るみこ

1 図書館政策とは何か

　夜の22時まで多くのビジネスマンが仕事で訪れる図書館もあれば，高齢者の交流と癒しの場となる図書館もある。都市部と郊外，農村と漁村，地域性や住民の構成によって図書館の蔵書もサービスも異なる。公共図書館は教育機関として，そして住民の福祉を増進する公の施設として，住民ニーズに即した運営が求められるためである。図書館は，国や自治体の政策に位置づけられ，主に教育政策や文化政策の一翼を担ってきた。

　たとえば，現在，日本の文教政策では，誰もがいつでもどこでも学習することができ，学習成果を生かすことのできる生涯学習社会の実現が最重要課題となっている。なかでも，図書館は，地域社会で人々が学習できる最適な場である。国や地方公共団体などの公的機関は，教育政策の大きな目標（生涯学習社会の実現など）を実現する手段として図書館活動を充実・活性化させている。この図書館活動を充実するための方針が図書館政策であるといえよう。

　国の図書館政策は，主に教育行政を担当する文部科学省が立案し，生涯学習振興・社会教育政策を担当する部局が関連する法律や制度を担当している。なお，学校図書館は初等中等教育政策の枠組みのなかで，大学図書館は高等教育政策・研究振興政策の下に，関係施策が講じられている。本章では主に公共図書館と大学図書館に関する我が国の政策動向を考えてみよう。

2　生涯学習・社会教育の振興と公共図書館

公共図書館に関する法律

　2006年に全面改正された教育基本法は，生涯学習の理念（第3条）を掲げ，国と地方公共団体は，図書館などの社会教育施設を設置し，学習の機会や情報を提供することなどにより，社会教育の振興に努めなければならないことを規定している（第12条第2項）。その理念を具体的に規定したのが社会教育法と図書館法である。

　第二次大戦後，日本ではまだ図書館活動が不振であった時代に，公共図書館の設置・運営に必要な事項を定めた図書館法が制定された（1950年）。この法律では，図書館を「図書，記録その他必要な資料を収集し，整理し，保存して，一般公衆の利用に供し，その教養，調査研究，レクリエーション等に資することを目的とする施設」（第2条）と定義した。新しい時代に求められる図書館とは，「一般公衆」に利用されるもの，レクリエーションというくつろいだものにも資するという広い目的をもつものであること，何より国民へサービスする機関であることが明確に掲げられた。さらに，図書館奉仕（サービス）のために，図書館が努める具体的な事業が掲げられている（第3条）。また，戦前は整備されていなかった司書や司書補の資格制度を全国的に確立した（第4条～第6条）。なお，2008年の法改正で，国や地方公共団体は司書などの研修に努めること，図書館は運営状況の評価・改善や地域住民などへの情報提供に努めることなどが加わり，図書館運営の質向上を促進する規定が整備されている（第7条，第7条の3，第7条の4）。

　私たちが公立図書館の資料を無料で利用できるのは「入館料その他図書館資料の利用に対するいかなる対価をも徴収してはならない」とする無料の原則（第17条）が規定されているためである。

　文部科学省は，図書館法（第7条の2）に基づいて図書館の健全な発展を図るために，「図書館の設置及び運営上の望ましい基準」

を定めている。図書館の管理運営，資料，サービス，職員などについて，取り組みが期待される事項をいわば努力目標として具体的に示している。国による数値基準は課せられておらず，各図書館が指標と目標を設定し，運営状況の自己点検・評価に努めるとしている。この背景には，現在地方分権が進み，地方公共団体には自己の判断に基づく自主的・自立的な自治体経営が求められていることがあると指摘できる。

　一方，近年は厳しい財政状況や住民の多様なニーズに応えるために，民間企業と協力し，経費節減や魅力的な広報やサービスなど，民間の経営手法を図書館に取り入れる動きや，業務を外部委託する動きが全国でみられる。2003年に地方自治法が改正され，図書館など，「公の施設」の管理を民間事業者（指定管理者）へ委託できるようになった。図書館の管理も，書店などを運営する株式会社，一般財団・社団法人，NPOなど，さまざまな事業者が参入しており，導入自治体はやや増加傾向にある。

国による図書館施策

　図書館法制定以降，かつて国は地方公共団体に補助金を交付して，公立図書館の施設・設備の整備を奨励してきた。その後，全国的な整備が進むと，地方分権の推進や国の行財政改革などを背景に，施設・設備整備の補助金は廃止された。近年は，地方が創意工夫により自立的な行財政運営を進めていくことが基本となっている。そのため国の政策は，全国的な観点に基づいた基本的な方針を示す政策提言が主となっている。そしてあくまで各地方公共団体の取り組みを促進するという観点から，調査研究や情報収集・提供，図書館職員の養成・研修，制度の改善などの施策が国の施策として講じられるようになっている。

　たとえば，国の継続的な取り組みとして，図書館法に基づく司書・司書補の資格付与講習を大学に委嘱する施策や，図書館職員の

資質向上のため，新任の図書館長や中堅司書を対象とした研修を充実させる施策をあげることができる。

また，国は，地方公共団体に対して，公立図書館の図書および視聴覚資料費などについて地方交付税措置（どの地域に住む国民にも一定の行政サービスを提供できるよう，国税として徴収した税を合理的基準によって地方へ再分配し，財源を保障すること）を講じている。このほか，文部科学省では子どもの読書活動の推進に関する施策を進めている。子どもの読書活動推進フォーラムや，優れた読書活動推進の取り組みなどに対する大臣表彰なども行っている。

新たな取り組み

一方，新たな取り組みも展開されている。文部科学省に設置された有識者会議「これからの図書館の在り方検討協力者会議」が2006年3月にまとめた「これからの図書館像～地域を支える情報拠点をめざして～（報告）」では，これからの図書館は貸出などを中心とした従来のサービスに加え，レファレンスサービスや時事情報などの情報提供により，地域の課題解決や地域の振興という新たな役割を担う必要性を提言した。

図書館が「地域の知の拠点」として自館に閉じこもらず，他の社会教育施設，行政機関・大学や民間企業などと幅広いネットワークを築いて，地域の課題解決支援や地域の実情に応じた情報サービスの提供など，幅広い観点から社会の要請に応え，地域づくりに貢献できるよう発展していくことをめざしている。

しかし，地域の課題は多岐に及び，行政でネットワークを築くうえでの課題も少なくない。自治体内では学校教育を担当する部署と社会教育を担当する部署，福祉や子育てを担当する部署が別々に仕事をしており，担当する仕事以外のことに手や口を出さない「縦割り行政」も根強い。これを打破するためには連携によって何が可能になるのか，行政内での理解を深める必要がある。その際に，ネッ

トワークのモデル，効果や課題について先行事例などの情報を得ることは助けとなる。文部科学省では，図書館などが軸となって人や組織がつながる仕組みづくりを奨励し，課題などを検証する施策を進めてきた。

具体的な施策をみてみよう。近年，地域社会では，経済低迷，少子高齢化にともなう人口・労働力の減少，過疎化の進行，さまざまな課題を抱えている。このため，公民館や図書館などが関係機関と連携・協働し，先進的に課題解決に取り組む地域を支援する「公民館等を中心とした社会教育活性化支援プログラム」を実施してきた（2013年～2014年）。国と公募で選ばれた地域が共同で実証的な研究・開発を行い，得られたノウハウやプロセスを全国に波及させ，社会教育による地域コミュニティの再生および地域活性化を図る事業である。また，これらの取り組みなどを通じて蓄積されたさまざまな課題解決のノウハウ，プロセスなどの成果を活用し，各地域が共有する課題・問題の解決に向けて協議を行う「学びを通じた地方創生コンファレンス」の開催などにより，取組の全国的な普及・啓発なども行っている（2015年～）。さらに，今後は図書館資源を活用し，困難地域で読書機会の充実を図る事業を実施し，子供の貧困問題などの地域課題解決の推進を図るとしている（2017年～）。このほか，文部科学省では，都道府県ごとに各地の図書館が取り組んでいるまちづくりや課題解決など，さまざまな特徴的な取り組みを図書館実践事例集としてまとめ，ウェブサイトなどを通じて広く紹介している。

3　高等教育改革と大学図書館

公共図書館は社会教育機関のひとつだが，前述のように学校図書館や大学図書館は学校という教育機関の一部でもある。当然ながら親組織である学校や大学をめぐる教育政策にも大きく影響を受ける。

ここでは大学図書館と教育政策について考えてみよう。

そもそも，日本における大学図書館政策といったとき，まずは学術情報機関としての大学図書館という側面から，文部科学省の科学技術・学術審議会などの有識者から成る合議体によるさまざまな提言をふまえて各種政策が立案・実施されていく。2010年の『大学図書館の整備について（審議のまとめ）―変革する大学にあって求められる大学図書館像―』や2013年の『学修環境充実のための学術情報基盤の整備について（審議のまとめ）』などがその一例である。現状の大学をめぐる政策においては，どのような課題解決がはかられようとしているのかみていこう。

大学教育の質保証をめぐる政策

日本の小学校（初等教育）や中学校・高校（中等教育）の教育水準が国際的にみると高い水準にあるのに対して，残念ながら大学（高等教育）の教育水準は決して高いとはいえない。さらに大学生の学習時間も国際的にみるときわめて低水準にある。これらを背景に，「勉強しない大学生」問題を解消し，日本の大学教育を国際的に高いレベルにあげようという政策，大学教育の質を保証するという政策が，今，推進されている。産業や社会の変革に直結する大学教育の質保証に関する政策は，世界的動きでもある。

具体的にみてみよう。2012年8月に中央教育審議会が，制度の整備から教育内容の充実へシフトすべきだと提言した（中央教育審議会，2012）。これまでの高等教育改革を通じて，教員の教育研究能力の推進をめざすファカルティ・ディベロップメント（FD），学生の学業成績の数値化であるGPAの導入，あるいは学生による授業評価の実施などにより，日本の大学における教育の質保証にかかる外形的な整備はかなりすすんだ。そこで今後は教授法などの改善による教育の質的転換をめざして，「教員と学生が意思疎通を図りつつ，一緒になって切磋琢磨し，相互に刺激を与えながら知的に成長

する場を創り，学生が主体的に問題を発見し解を見いだしていく能動的学修」(中央教育審議会，2012) の導入が主張されている。

　この背景のひとつに，日本の大学生の学習時間が少ないことが指摘されている。ベネッセ教育総合研究所が 2012 年に実施した学生生活実態調査によれば，「予復習や課題をやる時間」が 1 週間あたり平均 2.8 時間，「大学の授業以外の自主的な勉強」が平均 2.4 時間で，授業を除くと 1 日あたり 1 時間未満の学習時間となる。高校生のときに 1 日 5 時間以上学習していた層も大学入学後は授業以外の学習時間は短くなっているという（ベネッセ教育総合研究所，2013）。もちろんこうした少ない学習時間の要因は，学生だけに問題があるのではない。教員の授業方法も少ない学習時間を生む要因となっている。については，授業前の準備，授業の受講，授業後の展開を通した主体的な学びを推進することで，総学習時間を確保することを中央教育審議会答申は求めている。

　さらに第 2 期教育振興基本計画（文部科学省，2013）においても，教育行政の 4 つの方向性のひとつとして「社会を生き抜く力の養成」をあげ，大学では「課題探求能力の修得」をめざすこととされた。そのための基本施策として「学生の主体的な学び確立による大学の質的転換」（施策 8）が含まれている。質的転換のためには，学習支援環境の充実が不可欠であり，「図書館の機能強化」が具体的な例としてあげられている。つまり，大学教育の質保証を，教職員の「心がけ」の問題とするのではなく，学生が積極的に学習に取り組むよう，環境面でも整えていくことになったということである。

　また別の側面から大学の状況をみてみよう。本来大学は教育と研究のための組織である。その一部である大学図書館にとって，長らく研究支援の役割が重視され，教育支援機能は後回しにされがちであった。しかし，1975 年度から 2000 年度まで続けられた高等教育の量的拡大政策により，学生数は増加し，今，日本では 4 年制大学への進学率が 50 % を超えている。もはや大学は一部のエリートが

学ぶ場ではなくなったということである。そこで，多様な学力をもつ学生への支援，あるいは中等教育までとは異なる学習内容や学習方法を学生に獲得させる方策が，政策的にも進められるようになったのである。

ラーニングコモンズという学習支援

　以上のような高等教育改革の帰結のひとつとして，第3章でも述べられているラーニングコモンズと呼ばれる学習支援空間が，大学図書館を中心に整備されるようになった。もっともいわゆるアクティブラーニングの場を提供することだけがラーニングコモンズではない。印刷媒体のみならず電子媒体の資料・情報の利活用やレポートの書き方支援を含めた「場」と人的支援の提供があってラーニングコモンズとなる。

　今や中等教育のみならず，初等・中等教育においても，ラーニングコモンズが展開されつつある。決して，飲食可能でおしゃべり可能な空間をつくることで学習支援が完結するのではないということを忘れてはならない。

新たな大学図書館サービスとは？

　このように，今，日本の高等教育は，教育面において矢継ぎ早の改革ラッシュ状態にある。そのなかで大学図書館も新たなサービスの展開が求められている。当面は，学士課程生に対する学習支援から，大学院生に対する学習支援への拡大が考えられるだろう。これからの大学図書館を考えるとき，やみくもに学習支援を強化することだけでよいのだろうか。たとえば，大学図書館の行う学習支援が学生の学習成果にどのような貢献をしているのか，具体的な指標を開発する時期にきている。あるいは大学の国際ランキングといった指標も，賛否はあるものの，研究面重視のランキングである。とするならば，学習支援とリンクした新たな研究支援にはどのようなこ

とが求められるのか。これらを考えることが，将来の大学図書館のありようを考えることにつながる。

つまり，大学というコミュニティの一員としての大学図書館を考えるということが問われているのである。

4　これからの図書館政策

今日，社会の変化とともに，図書館が果たす役割やその可能性は，ますます拡大している。地域における課題解決支援（ビジネス支援，まちづくりなど），高齢者，乳幼児とその保護者，外国人などに配慮した多様な図書館サービスや学生に対する学習支援などの取り組みにみられるように，図書館を取り囲むそれぞれのコミュニティの情報サービスセンターとしての役割も注目されるようになっている。

特に，これからの図書館政策は，図書館がこれまでのように来館した個人に情報を提供し，学びを支援するという役割のみならず，学びを通じたコミュニティの形成を支援する役割を積極的に担うよう，取り組みを推進していく方向に向かっている。近年では住民どうしの支えあい，伝統文化の継承や地域課題への対応を担っていた地域コミュニティの基盤は弱くなっている。そのような中で，同じ興味・関心をもち，情報を求めて図書館に集った人々が，継続的な学習活動を通じて，結びつきや絆，地域への愛着を深め，さらに将来の地域づくりに参画したいという意識を高められれば，それはまさに「学びの場」を核とした新しいコミュニティの誕生であろう。図書館はそのような地域の振興・再生に貢献するコミュニティの中核となることが期待されている。すでに図書館が住民と地域資料を発掘し，収集・保存する取り組み，図書館が地元企業の異業種交流会を開催する取り組みなど，全国でさまざまな事例がみられている。

大学図書館もまた中核となりうる力を潜在的に有している。教育振興基本計画（文部科学省，2013）でも，大学がさまざまな資源を活

用しながら地域を志向した教育・研究・社会貢献活動を行うことを支援することで,地域だけでは解決することが困難な課題に対して,学生が課題解決に参画するなど,地域との相互交流を促進し地域から信頼される地域コミュニティの中核的存在としての機能強化を図るとしている。大学図書館も知見の収集・提供を通じて,知的創造・交流を促進する場として,これからの実践が期待されるところである。

　言い換えると,公共図書館や大学図書館,いずれの図書館においてもコミュニティを形成し,その経営の中核を担っていくことが期待されている。そのためには課題も多い。たとえば,将来の図書館運営を支える司書が資料の専門家であるだけでなく,地域の情報資源に関するコーディネーター,プロデューサーと多彩な顔をもつ人材として,専門性を高められる研修の充実なども必要となるであろう。図書館が期待される役割を担えるよう,そのプロセスを支援する国の政策こそ,これからの図書館にとってもっとも重要となるであろう。

引用・参考文献

市川恵理『図書館現職者のための体系的研修の試み:上田女子短期大学「図書館職員学び直し講座」の場合』筑波大学大学院図書館情報メディア研究科図書館流通センター図書館経営寄附講座, pp. 57-75, 2013.

これからの図書館の在り方検討協力者会議『これからの図書館像:地域を支える情報拠点をめざして(報告)』文部科学省, 2006.

中央教育審議会『新しい時代を切り拓く生涯学習の振興方策について:知の循環型社会の構築を目指して(答申)』2008.

中央教育審議会『新たな未来を築くための大学教育の質的転換に向けて:生涯学び続け,主体的に考える力を育成する大学へ(答申)』2012.

中央教育審議会生涯学習分科会『第6期中央教育審議会生涯学習分科会における議論の整理』2013.

西崎恵『図書館法』日本図書館協会, 1991.

ベネッセ教育総合研究所「8 学習時間」『第2回大学生の学習・生活実態調査（ダイジェスト版）』ベネッセコーポレーション，2013.
文部科学省『社会教育調査』2008，2011.
文部科学省『教育振興基本計画』2013.
文部科学省『文部科学白書 平成25年度』2014，pp. 104-111.
文部科学省『「公民館等を中心とした社会教育活性化支援プログラム」説明資料』2014.

第3部
図書館のある知的な社会

Intellectual society based on libraries

第9章

マイノリティを支援する図書館

吉田右子

1 マイノリティグループと図書館サービス

　放課後，学校帰りの移民の子どもたちが集まってきて，友だちといっしょに宿題をしている。かたわらには，フレッシュな果物がたくさん載った大皿とジュースやミネラルウォーターが置いてある。子どもたちを見守り必要に応じて一人ひとりにあわせたサポートをしているのは，学校を引退した元教員やこれから教員になろうとしている大学院生。デンマークの図書館ではこんな光景が夕方になるとごく普通にみられる。これは公共図書館が主催している「宿題カフェ」と呼ばれる勉強支援のプログラムである。なぜ図書館で子どもたちの宿題サポートをするのだろうか。それは図書館が情報を提供する場であると同時に，多様な文化的な背景をもつ人々に開かれた学びの空間だからである。

文化的に多様な背景をもつマイノリティとは

　現代社会は多様な文化的背景をもつ人々から構成されている。もともと図書館界では利用者の人種，民族，ジェンダー（文化的性差），性的指向，年齢などの観点からマイノリティとなる利用者を重視してきた。なぜなら図書館はすべての人々が平等に情報や文化にアクセスできるようになるために存在しているからである。「情報と文化へのアクセス保障」は，図書館のもっとも重要な機能なのである。

デンマークの公共図書館で開催されている宿題カフェ
(写真提供:ソルヴァン公共図書館ヘレ・アンドレアセン氏)

　本章では多数派(マジョリティ)に比較して社会的に弱い立場に置かれているために情報や文化へのアクセスが困難であることが多いマイノリティグループへの図書館サービスに焦点を絞る。こうしたサービスをリードしてきた地域を例にして，図書館がマイノリティ利用者にどのようなサービスができるのかを紹介し，サービスを利用する人々を通じて図書館の役割を検討していきたい。

文化的に多様な社会と図書館サービス

　図書館専門職の国際的な団体である国際図書館連盟は『多文化コミュニティ─図書館サービスのためのガイドライン─』を出して，文化的に多様な利用者に対するサービスの理念と実践の指針を明示している。そこでは「文化的に多様な社会の中で多くの場合取り残される集団」として「マイノリティ，保護を求める人，難民，短期滞在許可資格の住民，移住労働者，先住民コミュニティ」があげられている（国際図書館連盟多文化社会図書館サービス分科会編，2012, p.

第9章　マイノリティを支援する図書館　91

57)。本章では(1)移民・難民,(2)性的マイノリティ,(3)先住民に焦点を絞って,マイノリティサービスの最前線を紹介しながら,その底流にある図書館サービスの本質についても考えていきたい。

2　移民・難民への図書館サービス

移民を対象とした図書館サービスの発展

　最初に,移民が増加した第二次世界大戦後,人道的理由によって難民を継続的に受け入れてきた北ヨーロッパの図書館を例にとって,移民・難民に対する図書館サービスをみていこう。経済協力開発機構(OECD)の調査によれば総人口に占める移民の割合は,デンマーク8.5％,スウェーデン16％,ノルウェー13.9％である(OECD, 2015, p. 35)。

　移民へのサービスは,公共図書館がマイノリティ住民に出身社会の言語で書かれた資料を提供することからはじまった。現在は母語資料の収集・提供に加えて,移住先の言語を学習するためのテキストや資料の提供,移住先の文化を理解するためのプログラム,文化交流プログラムなど多岐にわたるサービスが展開されるようになっている。

子どもと女性に図書館サービスを届ける

　移民・難民のなかでもとりわけ孤立しがちで移住先の情報を十分得ることができないイスラム系女性を対象としたサービスとして,図書館が移民・難民サポート組織と連携して行う生活情報の提供,学習会,語学教室,文化プログラムなどは,北欧の公共図書館サービスにおける重要な柱のひとつである。マイノリティ住民の比率が高い地域の公共図書館で,実際に行われているサービスの実践例をいくつか紹介していきたい。

　正規のデンマーク語教育を受けたことがない20歳から50歳ま

での女性を対象とした「新聞を読みあう」と名づけられたワークショップは，参加者がデンマーク語の新聞を読んで自由討論を行って社会への興味と理解を深めるプロジェクトである。移民女性支援NPOが立ち上げた「地域の母プロジェクト」では，移住歴が長く移民コミュニティのリーダーである「地域の母」が，社会的に孤立しているマイノリティ女性に必要な情報を届けて生活を支援するとともに，女性の自律的活動と社会参加を働きかけていく。図書館は多様なメディアを通じた豊富な情報と司書の専門知識を提供することで，「地域の母プロジェクト」の中核的な活動拠点となっている。

移民サービスを支える仕組み

　公共図書館では原則としてコミュニティの居住者の構成にあわせて，マイノリティ住民のための母語資料の収集を行うが，移民の出身地は多くの地域に及ぶため，すべてのマイノリティのニーズに応えることは困難である。そうした資料面での課題を克服するために，北欧各国にはマイノリティへの図書館サービスを支援するためのナショナルセンターが存在する。デンマークの「統合図書館センター」(Bibliotekscenter for Integration)，スウェーデンの「国際図書館」(Internationella Biblioteket)，ノルウェーの「多言語図書館」(Det flerspråklige bibliotek)である。3つのセンターは多言語資料の収集・提供に関して中心的な役割を担っている。各公共図書館はコミュニティのニーズにあわせて多言語資料をセンターから借り，定期的にそれらの図書を入れ替えることによって，住民の読書要求に応じることができる。ナショナルセンターなくして，北欧諸国のマイノリティへの図書館サービスは成立しないだろう。

　ナショナルセンターは図書館への資料の貸出以外にも多文化理解のためのプログラムや展示会，ワークショップの開催，就労情報，教育，社会保障，文化・娯楽，政治に関する情報リンク集の作成などのほか，移民・難民へのサービスの最前線で活動する図書館員の

専門的サポートも行っている。

3　性的マイノリティへの図書館サービス

1970年代にはじまった性的マイノリティへの図書館サービス

　次に性的マイノリティに対する図書館サービスをみていきたい。性的マイノリティへのサービスは1970年代のアメリカで開始された。アメリカ図書館協会は1970年に「ゲイ解放専門委員会」（Task Force on Gay Liberation）を設置し，同性愛関連の文献リストの作成，同性愛関係資料にかかわるコレクションの構築と資料へのアクセスの改善，さらには図書館界における同性愛者への職差別の是正など，性的マイノリティを視野に入れた活動に着手した。「ゲイ解放専門委員会」は現在ではアメリカ図書館協会「ゲイ・レズビアン・バイセクシュアル・トランスジェンダー・ラウンド・テーブル」（GLBTRT）に名称を変更した（バイセクシュアルは両性愛者，トランスジェンダーは身体の性と心の性が一致しない人々を指す）。このグループは性的マイノリティに関する優れた図書を推薦する「レインボープロジェクト」などに取り組んでいる。

必要とされる情報を確実に届ける

　性的マイノリティに対するサービスでもっとも優先度が高いのは情報・資料提供である。図書館ではさまざまな工夫によって収集した性的マイノリティに関わる資料や，性的マイノリティによる著作物（LGBTQ資料）を必要とする利用者に届けようとしている。これらの資料をまとめた新刊図書リストや司書の推薦資料リストなどは印刷媒体で作成して図書館に置くだけでなく，ウェブサイトにも掲載する。

　たとえ図書館が資料をもっていたとしても，心理的な障壁によって資料や情報にアクセスしにくい状況も考えられる。そのため性的

マイノリティ利用者に対する接遇マニュアルを作成したり，司書に直接尋ねなくても利用者自身が資料を探せるように，「パスファインダー」と呼ばれる特定のテーマにかかわる資料や情報を探すための道案内を記した手引きを用意することもある。特に自分の性的指向を自覚しはじめたティーンエイジャーにとって，性的マイノリティにかかわる多様な情報が存在する図書館は精神的な拠りどころとなる。ティーンエイジャーのためのLGBTQ資料のブックリストは情報アクセスのための有効なツールである。

性的マイノリティが集う場としての図書館

　資料提供以外に，支援グループや社会運動のための組織が集う場所あるいは文化イベントの場所としても図書館は重要な役割を果たしている。図書館は性的マイノリティをテーマとする読書会，講座，展示会，ワークショップ，セミナーなどを開催して性的マイノリティのコミュニティを支えることができる。また図書館の性的マイノリティの資料の充実を図るために，資金調達のためのイベントを催す図書館もある。

差別と偏見を図書館から変える

　図書館における性的マイノリティへのサービスは，同性愛に対する偏見との闘いの歴史でもある。住民からの同性愛に関する図書への除去要請は絶えることがなかった。同性愛に関するクレームや検閲と闘ってきたアメリカ図書館協会は，公式文書「図書館の資源やサービスへのアクセスは性，ジェンダー・アイデンティティ，ジェンダー・エクスプレション，性的指向で左右されない」を採択している（アメリカ図書館協会知的自由部編，2016，pp. 61-64）。この文書は同性愛者の創作物の擁護と性的マイノリティによる図書館資料，メディア，施設の利用の権利を保障しており，図書館界における性的マイノリティサービスの理念的基盤となっている。

4　先住民への図書館サービス

先住民文化と図書館サービス

　世界各地の図書館では先住民文化を守り後世に伝えていく文化的拠点をめざして活動をはじめている。「IFLA／UNESCO 多文化図書館宣言」では，「言語的・文化的遺産を守り，それらの言語での表現，創造，普及を援助する」「口承および無形文化遺産の保護を支援する」とし，図書館が先住民の文化を守り先住民への文化サービスを行うことを明記している（国際図書館連盟多文化社会図書館サービス分科会編，2012, p. 58）。ここではニュージーランドの例をみていくことにしたい。

ニュージーランドにおける先住民サービス最前線

　ニュージーランドの先住民族マオリ族は総人口の約 15％を占めているが，非先住民と比較して，経済・社会・文化的に困難な状態に置かれている。クライストチャーチ・シティ・ライブラリーは，先住民にかかわるサービスに積極的に取り組んでいる図書館のひとつである。同館のウェブサイトにはマオリ（Māori）というページがあり，デジタルアーカイブやマオリの歴史を知るためのさまざまな情報へのナビゲーションが示されている。

　先住民の文化と言語は絶滅の危機に瀕している場合が少なくないが，それらを後世に伝えていくためには次の世代への文化と言語の継承はもっとも重要である。マオリ語（Te Reo Māori）はニュージーランドの公用語のひとつに定められ小学校での必修科目となっており，公共図書館ではマオリ語の資料やマオリの文化にかかわる資料を提供している。マオリ語は文字をもたない言語であるため，音声をアルファベットで表記したものがマオリ語の本となる。子ども向けのページには，マオリ語やマオリに関連のある書籍の検索へのリンク集が用意されている。同館はマオリ文化にかかわるワーク

ショップを開催して，植物を使った工芸や伝統的な遊びを子どもたちに伝える試みにも積極的に取り組んでいる。こうした活動はウェブサイトでも発信される。

先住民専門職が先住民サービスを支える

2014年に新しくオープンしたマンチェスター・セントラル・ライブラリーには，「緑の石の財宝センター」(The Ngā Pounamu Māori Centre)と呼ばれるマオリコレクションがある。これは宗教，健康，伝統文化，教育，言語などマオリ文化に関わる情報を集めたコーナーである。このコレクションを完成させたのは，「マオリ・サービス・チーム」の先住民の司書である。先住民へのサービスの最前線で，マオリ文化を背景にもつ専門職が働いているのである。

5 マイノリティ利用者への図書館サービスを支える理念

図書館の理念とマイノリティサービス

文化的に多様な背景をもつ利用者へのサービスを支えているのは，図書館サービスの基本的な価値として掲げられているマイノリティの存在を尊重する図書館サービスの理念である。ここでは国際図書館連盟とユネスコによる「IFLA／UNESCO 多文化図書館宣言」(国際図書館連盟多文化社会図書館サービス分科会編，2012, pp. 56-60) とアメリカ図書館協会による「図書館の権利宣言」(Library Bill of Rights) を取り上げる（アメリカ図書館協会知的自由部編，2016, pp. 15-16）。これらは図書館界が，すべての人々の表現の自由と表現されたものへのアクセスの権利をもつことを認め，その実現を支援する存在であることを宣言するものである。

国際図書館連盟・ユネスコ「多文化図書館宣言」

「多文化図書館宣言」では「グローバル社会では一人一人が，す

べての図書館・情報サービスを受ける権利をもっている」という前提のもとに，多文化図書館という概念を設定し，文化的に多様な背景をもつ利用者へのサービスを行う図書館について原則，多文化サービスの使命，管理と運営，中心的活動，職員，財政・法令・ネットワークを定めている（国際図書館連盟多文化社会図書館サービス分科会編，2012, pp. 56-60）。

サービスの中心は，(1)文化的・言語的遺産に基づく，コミュニティの全構成員に対するサービスとして適切な言語と文字で情報を提供すること，(2)ニーズを反映した，幅広い資料とサービスへのアクセスを提供すること，(3)コミュニティの多様性を反映したスタッフを雇用すること，である。

アメリカ図書館協会「図書館の権利宣言」

「図書館の権利宣言」もまたマイノリティへの情報のアクセスを図書館の理念として定めている。「図書館の権利宣言」は，(1)創作者の文化的背景による資料の排除の拒否，(2)特定の資料の排除の拒否，(3)検閲の拒否，(4)表現の自由にかかわる関係者との団結，(5)利用者の文化的背景による図書館資料からの排除の拒否，(6)利用者の文化的背景による図書館施設からの排除の拒否，からなる。

「図書館の権利宣言」はマイノリティが図書館を利用する権利について，その対象を「移民・難民」「同性愛者」「先住民」など具体的なことばで表現していない。しかしながら特定グループへの差別を排除し是正する表現を織り込むことで，文化的多様性を排除しようとする狭量な思想と戦うことが明示されている。

6　なぜ図書館がマイノリティへのサービスを行うのか

最後にこれまでの議論を振り返りながら，多様な文化的背景をもつ利用者へのサービスについて3つの観点からその意義について考

えてみたい。

文化的多様性を映し出すコレクションを収集し提供する　情報への平等なアクセスを提供するのが図書館の役割であることを考えると，文化的多様性への配慮は図書館サービスの存在意義そのものである。情報ニーズを明確にできない人たち，あるいはニーズをもっていてもそれを表現することが困難な人，それを表現することを躊躇するマイノリティにとって，図書館は情報とメディアと文化へのアクセスのための拠りどころとなる。

マイノリティの情報ニーズに応えエンパワーメントを支える　マイノリティが自己を見つめ，みずからの能力を発見し，コントロールしていくための実践概念として「エンパワーメント」という表現が用いられる。図書館は生活情報の提供から職業選択支援に及ぶ支援を通じて，マイノリティが自身の力でみずからの人生を切り開いていくエンパワーメントの過程を支えることができる。図書館が自分の生活と共鳴し，みずからを変えていく空間であることに気づいたマイノリティ住民は，社会的・文化的・経済的困難を克服するための第一歩を踏み出したことになる。

社会の文化的多様性を伝える　資料の提供を通じて，多様な文化的価値を利用者に伝えていく使命をもつ図書館にとって，文化的多様性の尊重は重要な理念となっている。同時に図書館は幅広いコレクションとそれを使用するために訪れる多様な人々によって，社会の多様な文化を映し出す鏡となっている。

マイノリティサービスの課題

　北欧のようにマイノリティサービスがサービスにとけ込んでいる地域であっても，図書館予算が削減されるなかで，予算を獲得することは決して容易ではない。また図書館サービスがマイノリティのなかの多数派グループにしか到達しえないのではないかというジレ

ンマが常に司書の目の前に立ちはだかっている。図書館の現場は様々なマイノリティ集団のニーズのバランスをどのように調整していくのかという，文化的多様性にかかわる本質的な問題と常に対峙しているのである。

図書館が多様な文化的背景をもつ人々へのサービスを行う理由

　それでもなおマイノリティへのサービスは図書館にとって，もっとも重要な役割のひとつである。なぜなら私たちはみな一人ひとり異なっているという点で文化的に多様な存在である。図書館はそうした文化的多様性を包み込み，図書館を使う利用者一人ひとりが自分のもつ文化について誇りをもち，他者の文化を尊重することを学ぶ場所である。

　多様な文化的背景をもつ人々へのサービスは単に図書館のサービスの一要素ではなく「多様な文化を尊重する」という図書館の理念そのものを体現化したサービスなのである。さらに図書館はみずからがもつ資料とその資料を使う利用者の文化的多様性を外に向かって示すことで，文化的多様性への尊重を社会に働きかけることもできる。

「すべての人を歓迎します……」

　アメリカノースカロライナ州のチャペルヒル公共図書館は2016年4月に同州がLGBTQ差別法を可決したことに対抗し，自館のフェイスブックに「図書館は人種，民族，宗教，性的指向，性表現，性の自己意識，経済状況，障碍の状態などにかかわらず，すべての人を歓迎します」と描かれたポスターを掲げた。ポスターの下の方には「何か抜かしていたら……ぜひ私たちに教えてください」と書かれている。マイノリティを包み込み，多様な文化に関わる対話を醸成する公共空間。図書館の本質はこのポスターにそのまま表現されている。

引用・参考文献

アメリカ図書館協会知的自由部編『図書館の原則：図書館における知的自由マニュアル 第8版』川崎良孝ほか訳, 日本図書館協会, 2016.

国際図書館連盟 多文化社会図書館サービス分科会編『多文化コミュニティ：図書館サービスのためのガイドライン』 日本図書館協会, 2012. 〈http://www.ifla.org/files/assets/library-services-to-multicultural-populations/publications/multicultural-communities-ja.pdf〉(2016年8月9日閲覧)

日本図書館協会 多文化サービス研究委員会『多文化サービス入門』日本図書館協会, 2004.

吉田右子『デンマークのにぎやかな公共図書館：平等・共有・セルフヘルプを実現する場所』新評論, 2010.

Chapel Hill Public Library Facebook
〈https://www.facebook.com/ChapelHillPublicLibrary/〉(2016年8月9日閲覧)

Christchurch City Libraries / Māori
〈http://my.christchurchcitylibraries.com/channel/maori/〉(2016年8月9日閲覧)

Greenblatt, E. ed., Serving LGBTIQ library and archives users: essays on outreach, service, collections and access. Mcfarland & Co., 2010.

OECD, International migration outlook 2015, OECD Publishing, 2015.
〈http://dx.doi.org/10.1787/migr_outlook-2015-en〉(2016年8月9日閲覧)

Smallwood, C. & Becnel, K. eds. Library services for multicultural patrons: strategies to encourage library use. Scarecrow Press, 2012.

第10章

知識が活性化する場所

三森　弘

1　図書館に求められる新しい役割

　みなさんはふだんどんな場所で勉強しているだろうか。パソコンやスマートフォン・タブレットがあればどこでも情報収集ができる現代，あらゆる場所でそれらを利用した学習が可能となっている。人気のない静かで落ち着いた場所はもちろん，なかにはカフェやファミレスのように，少しざわつきのある場所のほうが集中できる人もいるだろう。このように考えると一昔前のように，図書館でなければ勉強できないという時代ではなくなった。

　このように学習場所の選択肢が広がり，いつでもどこでも誰でも自由に情報の入手が可能となった現代，図書館に求められる役割も変わってきている。図書館を器としての建築的側面からみても，単に量的に満たしていれば良いという考えではなく，時代のニーズに応じて変化することが求められている。

　日本の公共図書館整備が実質的にはじまったのは1950年の図書館法の成立がきっかけであった。この頃は戦後の復興期でもあり図書館建築においても「質より量」が求められ，図書館の量的拡大が優先された。そのため当時の建築計画においては，資料の収集・整理・保存・提供など図書館の機能面に重点を置き，いかに効率よく図書館建築を計画・整備するかに腐心してきた。こうした先人の苦労により，現在では地域における図書館数およびその機能も必要最低限には整備されてきている。しかしながら，今後の課題は情報化

にともなう社会的状況の変化にいかに的確に対応できるかにある。そこに建築が図書館に対し貢献でき、また建築の魅力を引き出すチャンスがあるのではないだろうか。

　今日、インターネットの普及や資料の電子化により、物理的空間としての図書館の存在意義が危ぶまれている。しかし図書館は本来ただ情報を得るだけの場所ではなく、得られた情報を元にみずから思索し、活用・価値づけしていく作業ができる数少ない場所であった。また近年は図書館に生涯学習機能・地域連携などの役割が期待されており、それらの要望を考慮した情報交流の「場」としての図書館が求められている（猪谷, 2014）。このように図書館における場の重要性を再認識し、「図書館にしかできないこと」を改めて問い直す時期にきている。図書館を取り巻く変化に際し、建築は利用者にどのような付加価値や魅力を与えることができるのだろうか。この問いの先に建築ならではの役割・可能性が潜んでいるものと筆者は期待したい。

　このような知識創造の場や情報交流の場を設ける動きは各地で起きている。次節では大学図書館での取り組みを紹介しながら、図書館建築の新たな役割とその可能性について考えていきたい。

2　大学図書館によるアクティブラーニング支援

　「ラーニングコモンズ」は、一般にはIT機器や机・椅子などの家具をそろえることで、書籍の閲覧のみならず自由に議論ができるなど、さまざまな学習スタイルに対応したスペースであり、近年大学図書館に多数設けられはじめている（溝上編, 2015）。

　ラーニングコモンズにはさまざまな役割が期待されているが、そのひとつに「アクティブラーニング支援」がある。アクティブラーニングとは、これまでの受動的・知識偏重な教育を反省し、「討論や問題解決などの活動を通じた学習者が能動的に関与する学び」を

めざすなかで出てきた考え方である。教育現場においても，学生が「教えてもらう」という受け身になりがちな講義形式から，グループ討議や発表などを用いた，学生が主体的に学ぶ授業スタイルに転換することで，主体的な知識の習得や情報交換を促すという流れがある。こうした「能動的」（＝アクティブ）な「学習」（＝ラーニング）を促す場としての可能性を秘めているのがラーニングコモンズなのである。

このアクティブラーニングは基本的には自身と複数の他者との協働学習によるものであり，人々との対話を通して相手の考えを理解し，また自身の考えを再考するという往還作業が行われるものである。これにより他者との共有の知識や知恵が育まれ，ひとりでは考えもつかなかったアイデアが生まれるようになる。このような他者との触発の「場」はリアルな空間でなくては成り立たないものであり，ここに空間のもつ重要な意味がある。

このような考え方は，企業でも「ナレッジマネジメント」として応用されはじめている。ナレッジマネジメントとは，社員個人に内在するさまざまな知識（ナレッジ）や情報を組織全体で共有し，有効に活用して経営向上につなげていく考えである。近年，このような考えを体現した，社員間の交流を促すための魅力的なオフィスも注目されている（ニューオフィス推進協会，2008）。

同志社大学のラーニングコモンズをみてみよう。面積は $2550\,\mathrm{m}^2$ と日本最大級の広さを誇り2フロアで構成されている。2階部分には学びの交流・啓発空間である「クリエイティブ・コモンズ」があり，グループ学習やプレゼンテーション・シンポジウムが行える空間，さらには海外留学をめざす学生のための情報提供コーナーや実践的な会話力を養えるコーナーまである。3階部分には担当者のサポートを受けながらアカデミックスキルを身につけられる「リサーチ・コモンズ」が配置され，学習支援を行うアカデミックサポートエリアをはじめ最新機器を備えた編集スタジオが配置されている。

同志社大学のラーニングコモンズ

視線をコントロールできるフレキシブルな空間的しかけ

また各エリアは一部を除いてほとんどが間仕切りのないオープンな空間であるが，可動式のパーテーションなどが用意されており利用者がそのつど他者との視線のコントロールを調整できるフレキシブルな空間が用意されている。さらに利用者の学習をサポートできるよう，パソコンはもちろん，プロジェクター，スクリーン，電子黒板など，多様な最新情報機器が配置され，魅力的な空間が展開されている。

　ではどのような場が能動的な学習を促すのであろうか。それは単に家具や備品を置けばよいというものではない。物理的な整備だけではなく，利用者によるかかわりやプロセスを考慮したマネジメントも必要である。次節ではこれらの考えのヒントとなりうる事例として，学生による授業での取り組みを紹介する。

3　学生にとっての「ラーニングコモンズ」

　ラーニングコモンズに対し，ユーザーである学生は，現状をどのように評価し，どのような空間を望んでいるのであろうか。筆者は筑波大学にて図書館情報学を専攻する学生に，筑波大学附属図書館（図書館情報学図書館）に設置されているラーニングコモンズを例に，授業を通して改修計画を提案してもらった。

　授業の狙いとしては，ひとつ目に，建築計画が意識してきた，計画する側の目線だけでなく，ラーニングコモンズを使う側の目線からも空間を考えるきっかけをつくることがあげられる。ここでは利用者である学生の考えを知ることで，計画・立案する側の考えとのギャップを認識し，利用者の目線を計画を行ううえでの一助とすることができると考えた。

　また2つ目に，学生がラーニングコモンズを提案することで，学生自身が主体的にこれらについて考えるようになることを期待した。将来の図書館を担う学生に「場」としてのラーニングコモンズにお

学生提案例：リラックスしながら学習できるスペース

ける問題意識を高めてほしいとの願いからである。ここでは「アクティブラーニング支援」に資する空間を考えさせるプロセス自体がアクティブラーニングを促すことにつながると考えた。

　自身の身近な「場」に何の疑問ももたず，変革の意思をもたない学生が，将来の図書館をなんとかしようとは思うはずもない。これからの教育の役割は，図書館のもつ存在意義を問い直すことのできる，考える力を身につけた学生の育成にある。

　授業ではまず調査シートを用い，学生個人による現状のラーニングコモンズ調査と評価を行ったうえで，グループに分かれ新たな改修案を提案してもらった。

　あるグループでは，中庭に足湯を設けた提案がみられた。この案は学習の合間にリラックスすることを意図していたが，それ以外にも浴場は地域のコミュニケーションの場であり，情報拠点であり，また社会のマナーや協調性を学ぶ場であったことをふまえた提案だった。このほかの案ではカフェの雰囲気でリラックスしながら学習できるスペースの提案や，現状の施設における空間的制約からくる不便さなどの問題をふまえ動線上重要な位置にある中庭に注目し

た提案など，ユニークなアイデアが多く出された。

　こうした提案から，学生自身は学びの質に応じて場所を選択し，かつ，場所ごとのもつ役割・機能を意識したつながりを求めていることが明らかとなった。図書館への問題意識が高い学生たちが，どのような空間が望ましいか主体的に考えることで新たなラーニングコモンズのかたちがみえてくる。

　これらにみられた「場」の力は，大学に限らず地域の拠点への展開にも可能性を秘めている。次節では公共施設での取り組みを紹介する。

4　気づきを誘発する「武蔵野プレイス」

　次に東京都武蔵野市にある「武蔵野プレイス」を紹介する。JR武蔵境駅前にあり，地上4階，地下2階建て（駐車場を除く）となっている。

　武蔵野プレイスは図書館を核とし，生涯学習支援，市民活動支援，

武蔵野プレイス

青少年活動支援と全部で4つの機能を備える市立の公共「複合機能施設」である。複合用途の図書館は近年多くみられるが，多くの施設は用途ごとに分断されており，利用者が複合によるメリットを感じることは少ない事例が多い。武蔵野プレイスでは，人とひとが出会い，それぞれがもっている情報を共有・交換しながら，知的な創造や交流を生み出すことを目標としている。さらに地域社会の活性化に資する活動支援型の公共施設をめざしてきた経緯から，各用途をランダムに配置するという建築的な仕掛けを施している。具体的には自発的に読書や学習を継続できる機会や，近隣の市民活動などに気軽に触れることができる場をつくることに主眼を置いた新しい図書館である。

　武蔵野プレイスでは「アクションの連鎖」が起こり得る「機会」と「場」を提供したいとの考えから，「気づく」「知る」「参画する」「創造する」という知のサイクルを意図して施設が設計されている。「気づく」は人が行動を始める際の社会との接点のなかで，おもしろい，あるいは必要と感じることであり，新しい分野に興味をもつきっかけの段階である。さらに興味をもつことで，より深く「知る」ことにつながると考える。この背景には，日常生活で得られた漠然とした知識を体系的にみることのできる場を提供したいという考えがある。それはやがて活動に「参画する」ことにつながり，新たな知識を「創造する」ことへと結びつく。そしてこれらアクションが再び「気づく」へと連鎖・循環していくような建築的な仕掛けがここにはある。このように武蔵野プレイスでは〈気づき〉がキーワードになっており，図書館をはじめとしたいろいろな機能を複合・同居させることで潜在的にもっている利用者自身の興味の発見（セレンディピティ：serendipity）を誘発させようと考えている。

　この「アクションの連鎖」が起こり得る「機会」と「場」が，館内に多数存在する吹き抜けや壁のしつらえ，図書館をはじめとする用途の混成配置といった空間の仕掛けによって実現されている。建

築の大きな特徴としては全フロアのいたるところに配置された大胆な吹き抜けと,洞窟をイメージした「ルーム」と呼ばれる小空間を基本単位としているところが挙げられる。それぞれのルームは,壁と天井が曲面でつながった貝殻状に区切られており,その身体的居心地のよさをもたらしている。武蔵野プレイスでは,数十個からなるルームに連鎖的な関係が生まれるように配置されている。近年,複合用途をもつ図書館は増えているが,このように建築的な仕掛けにより有機的で柔軟なつながりに配慮した建物はあまりみられない。

　図書館の地域の情報交流拠点化が叫ばれる昨今,図書館建築の流れとしては,間仕切りのない広々とした空間を設ける傾向と,武蔵野プレイスのように小さな空間に仕切る傾向の二極化が進んでいるように感じられる。前者は全体が見渡せるため自分の位置を確認しやすく,また他人や,情報との出会いに開放的である。後者は一見閉鎖的な空間だが身体にあったスケールに安らぎを感じることで思考を開放へと導くのではないだろうか(ホール,1970)。また本との出会いという点では,前者の空間は書架が見渡せることが多いため,ジャンルなどにみる学問体系の把握(自身の興味のある学問分野と学問全体との相対的な位置関係など)が容易になるメリットがある。一方後者の空間では自身の興味のある学問分野に特化した書籍に囲まれた空間をつくることも可能であり,集中できる環境となりうるのではないだろうか。このように図書館に求められる要求は多様化してきており,それに応じた空間デザインが求められるようになってきたが,その実現も可能となっている。

5　建築が果たす役割・可能性

　図書館における知識創造・情報交流の場に向けた新しい取り組みとして,3つの事例を通し紹介した。これらには他者との交流による参加者の〈気づき〉を誘発し,知識を活性化させる仕掛けが場に

備わっていたといえよう。

　筑波大学の取り組みは，学生自身が主体的にラーニングコモンズについて考えることで，場としてのラーニングコモンズに対する問題意識を高め，さらには空間への「愛着」をもつことを期待したものであった。今後このような場の創出には，建築設計者などの専門家のみならず，学生や地域住民がみずから考え，中心的な役割を担う必要性が高まってくるであろう。それでこそ，図書館が地域に根ざした情報交流拠点になりうると考える。

　またラーニングコモンズは現在は大学図書館を中心に設置されているが，このような「アクティブラーニング支援」を打ち出した場は地域社会においても必要とされている。武蔵野プレイスのように図書館自体が能動的な学習やアクションを促す役目を担うことが地域からも求められている。武蔵野市によると，武蔵野プレイスを拠点にNPOや任意団体などの小さな活動が増えているという。住民が主体的にまちを考えるための，つまり能動的なアクションを起こすための拠点となっている。こうした地域住民による知識創造・情報交流を支援する図書館が今後ますます増えていくと予想される。

　そのための空間としてもこれからの図書館建築は，社会状況を的確にとらえ変化に対応した場を提供していくべきであろう。建築における「場」の体験は，先のラーニングコモンズの授業提案における「愛着」の付与や，武蔵野プレイスにみられた「セレンディピティ」の誘発という重要な機会を提供してくれた。これらには知識を活性化させる仕掛けが織り込まれており，身体を媒介とした「空間の経験」（トゥアン，1988）を生んでいた。

　今日のような情報化が進んだ社会だからこそ，能動的なアクションを支援する場がこれまで以上に必要となってくる。ここにこそ情報化の波にも耐えうるリアル空間ならではの強みがあり，建築が果たす役割があるのではないだろうか。

引用・参考文献

猪谷千香『つながる図書館：コミュニティの核をめざす試み』ちくま新書，2014.

トゥアン，イーフー『空間の経験：身体から都市へ』山本浩訳，筑摩書房，1988.

ニューオフィス推進協会『クリエイティブ・オフィス・レポート 2.0：12 の知識創造行動と駆動力／加速装置』ニューオフィス推進協会，2008.

ホール，エドワード T.『かくれた次元』日高敏隆・佐藤信行訳，みすず書房，1970.

溝上智恵子ほか編『世界のラーニング・コモンズ：大学教育と「学び」の空間モデル』樹村房，2015.

第 11 章

人々のイメージのなかの図書館

松林麻実子

1　小説や映画に登場する図書館

「図書館」は知の象徴？　それとも出会いの場？

　「図書館」は，実はさまざまな小説や映画に登場している。

　たとえば，映画『セブン』（デヴィッド・フィンチャー監督，1995年公開）には，モーガン・フリーマン扮する定年間近の刑事が連続猟奇殺人事件の容疑者を特定するために，図書館で調べものをするシーンが登場する。BGMとしてJ. S. バッハのG線上のアリアが流れ，閲覧席に配置されるランプの明かりが暗闇に浮かび上がる。ひとり静かに，考え事をすることができる。ここで描かれるのは，格調高い，知の象徴としての図書館である。

　そうかと思えば，映画『デイ・アフター・トゥモロー』（ローランド・エメリッヒ監督，2004年公開）では，地球温暖化の影響で突如到来した氷河期に混乱する人々の避難所としてニューヨーク公共図書館が登場する。ここでは図書館が所蔵している大量の資料が人々の生命を守るためにとんでもない使われ方をする（どういう使われ方をしているかは，ぜひ自身の目で確かめてほしい）が，図書館は，市民が集う場所，資料が大量に保管されている場所として描かれているといえよう。

　また，映画『Dr. パルナサスの鏡』（テリー・ギリアム監督，2009年公開）のラストシーンでは，ロケ地としてカナダのバンクーバー公共図書館が使われている。ここでは図書館は，ありふれた，しかし

幸せな日常生活の象徴とみなされるのである。

　日本に視線を転じてみても，やはりさまざまな作品のなかに「図書館」が登場する。たとえばアニメーション映画『耳をすませば』（近藤喜文監督，1995年公開）では，読書好き，図書館好きの主人公・雫が，図書館で借りて読む本のなかに必ず見つける名前「天沢聖司」に思いをはせるところから物語が始まる。雫は，夏休み期間中であっても学校の図書室や地元の図書館に足しげく通い，図書館の電子化に少しだけ反対したい気分でいる。なぜなら，それまで主流であったカード式貸出システムのほうが，同じ本を読んだ（もしくは，これから読む）読者に思いをはせることができて，想像がふくらむからである。

　一方，TVドラマ『ビューティフル・ライフ』（TBS，2000年放送）でも，障がいをもつヒロインの職場である都内の公共図書館から物語が始まる。この作品において図書館は，暇な職場として描かれており，図書館員みずから「昼間から図書館なんかに来ている人はリストラされて無職に違いない」などという発言を連発してしまう。案の定，ヒーローの職業である美容師は日本全国で注目され，「カリスマ美容師」ということばが生まれたが，ヒロインの職場に注目する人は誰もいなかった。このように，図書館関係者からみれば溜息をつくほかない内容の作品であるが，ヒロインが別世界に存在していると思われるようなヒーローと出会う機会を得たのは，何を隠そう，その図書館である。こうしてみると，図書館の描き方にはところどころ問題があるものの，図書館はさまざまな人々が出会う場所として描かれていることがわかる。

　「図書館員」も，「図書館」同様にしばしば作品中に登場する。たとえば，有川浩の『図書館戦争』（アスキー・メディアワークス，2006）では自衛隊をモチーフにした図書特殊部隊（ライブラリー・タスクフォース）がメディア良化委員会の検閲から図書館資料を守ろうと奮闘する。図書館は「表現の自由」と「知る自由」を公権力か

ら守る存在として位置づけられている（ちなみに，この図書特殊部隊は専守防衛を信条としており，先に発砲することは許されていない）。ここに登場する図書館員（作品中では「図書隊員」）はきわめてわかりやすい「正義の味方」であり，本を愛する者にとってのヒーローである。また，映画『ライブラリアン：伝説の秘宝』（ピーター・ウィンサー監督，2004年公開）では，知識豊富な主人公の図書館司書（ライブラリアン）が，メトロポリタン図書館が所蔵すべき秘宝を秘密結社から取り返すためにアマゾンまで出かけていく。幾度となくピンチに陥るが，そのたびに豊富な知識を使って切り抜けていく。どちらの作品でも，どう考えてもアクティブとは縁遠い存在である図書館員を主人公にしたアクション映画を作るというギャップにおもしろさがあるといえる。

2　内容分析とは：人々の語りを分析する方法

　前節では思いつくままにあげてみたが，「図書館」や「図書館員」が登場する小説や映画は数多く存在し，しかも実にさまざまな描かれ方をしている。これらの作品を，その描かれ方に注目しながら観ていくと，漠然とした印象ではあるが，欧米と日本では描かれ方に違いがあるように思えてくる。すなわち，欧米では知識の象徴としての図書館，豊富な知識量を誇る図書館司書（ライブラリアン），という好意的なイメージが描かれるのに対して，日本では，身近で，人々が集まる場としての図書館，地味で堅実な公務員である図書館員，という中立的もしくは少し否定的なイメージが描かれる，というようなことである。

　しかし，これはあくまでも眺めていて何となく感じる主観的な印象に過ぎない。他の誰かが見たときに，「そんなこと感じなかった」と言われてしまえば，それまでである。このような描かれたものを観たり読んだりしたときに受ける主観的な印象を，なんとかして，

客観的な事実として提示することはできないだろうか。学術的な研究にすることはできないだろうか。

社会学の領域には，人々の語り（メッセージ）を分析するときのために，いくつかの代表的な研究手法が用意されている。ここでは，これらの研究手法について紹介してみたい。人々の語りを分析する手法には，大きく分けて，内容分析（Content Analysis），談話分析（Discourse Analysis），会話分析（Conversation Analysis）の3種類がある。

内容分析とは，雑誌・新聞記事・テレビ番組などのマスメディアが伝達する内容や人々のコミュニケーションに込められたメッセージを，客観的かつ数量的に分析するための手法である。もっとも簡単な例を挙げれば，複数の政治家が，街頭演説である特定の話題に割いた時間，ある特定の単語を発話した回数などを計測し，そこから彼らが，特定の話題や単語をどれだけ重要だと考えているか，を分析する，というようなことである。テレビ番組などで見たことがある人も多いのではないだろうか。内容分析では，図書やウェブサイト，映像や音声など，人々の語りが記録されたものであれば，どのようなものでも分析対象にすることができる。古くは，マスコミュニケーション研究において新聞記事の内容を分析するときに用いられることが多かったが，現在では，インタビュー調査の結果分析や質問紙調査における自由回答の分析など，さまざまな場面で用いられている。

この分析法は，メッセージを一定の仮説のもとに客観的に分析する手法であり，一般的に，分析対象が明示的な内容であること，分析が客観的であること，分析が体系的であること，の3点を成立要件とする（高橋ほか編，1998）。もう少し具体的に説明するなら，「分析対象が明示的な内容である」とは，表現されたメッセージのみを分析対象とし，行間を読む，ということはしない，ということである。「分析が客観的である」とは，同じメッセージに対して分析が行われる限り，分析者や分析時期が異なっても，同じ結果が出

るようにしなければならない，ということである。「分析が体系的である」とは，明確な分析単位を設定し，一定の分類・判断基準によって分析が行われなければならない，ということである。通常，小説を読んだり，映画やドラマを観たりするときには，人それぞれ受け取るメッセージは異なるし，同じ人が同じ作品に触れたとしても，状況が異なれば，やはり受け取るものは異なる。しかし，内容分析では作品を楽しんだり共感したりすることを求めないので，いつ，誰が分析しても，同じ結果が得られなければならない。

内容分析では，メッセージに書かれた特定のシンボルや命題，人物などを分析単位として設定し，それらの出現頻度や出現箇所，評価や描写のされ方などを，あらかじめ設定したカテゴリと判断基準によって分析する（高橋ほか編，1998）。分析単位として用いられる可能性があるのは，語またはシンボル，文またはパラグラフ，記事や項目などメディアごとに特有のメッセージの最小単位，もしくはメッセージ全体である。

次に，カテゴリと分類・判定基準を設定する。これは研究目的を的確に反映したものでなければならない。同時に，明確に排他的なものである必要がある。ただし，カテゴリは分析前に必ず決めておかなければならないわけではない。場合によっては，データを実際に見ながら，カテゴリを設定し，そこに分類する，という手順を踏むこともある。

3　「図書館」に対するイメージの分析

前節で内容分析という手法を紹介したが，ここでは，具体的な例を用いながら，もう少し内容分析について考えてみよう。たとえば，質問紙調査において「あなたの身近にある図書館の印象を，利用の仕方と共に，できるだけ具体的に答えてください」という設問（これを「自由記述式設問」という）を設定し，この設問に対して，表

表11-1 「身近な図書館の印象」に関する意見（例）

意見A	自宅の近くに新しくできた市立図書館があるが，おしゃれな建物で，いつもにぎわっている（残念ながら自分では使ったことがない）。
意見B	試験前になると自分の大学の図書館で勉強するが，図書館員が近寄りがたい雰囲気である。
意見C	高校時代，地元の図書館で友達とよく受験勉強をした。
意見D	小さいときは，親に連れて行ってもらって絵本を読んだが，今はまったく行かない。

11-1のような回答が得られたとする。これはどのように分析できるだろうか。

どの回答もそれほど長いものではないが，それぞれの回答から，1）どの図書館を身近に感じているか，2）図書館利用目的，3）図書館に対する印象，の3点を読み取ることができそうである。すなわち，この場合の分析単位は，1）図書館の種類，2）図書館利用目的，3）図書館に対する印象，の3つとなる。

それぞれの分析単位におけるカテゴリは，次のように考えることができる。ひとつめの「図書館の種類」については，公共図書館，大学図書館，学校図書館，専門図書館，国立図書館，その他，の6つのカテゴリを設定することができる。2つめの「図書館利用目的」については，〈本を読む（借りる）〉，〈（図書館で開催される）イベントに参加する〉，〈勉強をする〉などが考えられる。ただし，この「図書館利用目的」に関しては，回答者が，こちらが予想もしなかったような目的を話す可能性がある。したがって，実際の回答を見ながら，必要に応じてカテゴリを増やしていく。最後の「図書館に対する印象」については，好意的，中立，否定的，の3つのカテゴリを設定することができる。

このように考えると，図書館の種類と印象については，事前にカテゴリを設定してしまっても問題ないが，図書館利用目的については，データを見ながらカテゴリを設定していく方が適切な分析がで

表11-2　人々の語り（表11-1）に対する分析

	図書館の種類	図書館利用目的	図書館に対する印象
意見A	公共図書館	—	おしゃれ，にぎやか
意見B	大学図書館	試験勉強	近寄りがたい
意見C	公共図書館	受験勉強	—
意見D	公共図書館	読書（絵本）	子どもが行くところ

きそうである。そこで，図書館利用目的については事前にカテゴリを設定せず，まずは図書館利用目的を表現していると思われる単語や句を抜き出すところから作業を始める。

　上記の分析単位とカテゴリを使って，表11-1にある4つの意見を整理すると表11-2の通りとなる。この表からは，たとえば，人々が身近な図書館として思い浮かべるのは「公共図書館」であり，利用目的としては「勉強する」というものが多い，ということがわかる。イメージに関しては，表11-1の例からは〈おしゃれでにぎやかな場所〉という好意的なイメージから〈近寄りがたい〉という否定的なイメージまで，さまざまなものがある，ということしか言えないが，より多くの意見を集めて，そこからイメージにかかわる表現を抽出していけば，なんらかの共通性を見出すことができるようになる。

　このようにして，人々が自由に語った意見から，そこに書かれている内容を抽出し，整理するのが，内容分析という手法なのである。

4　ふたたび小説や映画に登場する図書館

　前節までで，人々の「語り」を客観的に分析する手法について紹介した。ここでは，冒頭で紹介した小説や映画のなかで描かれる図書館について，内容分析の観点からもう少し踏み込んで考えてみたい。

図書館は作品のなかでさまざまなイメージで描かれてきており，逆に言えば，そこが図書館のおもしろいところだということもできる。しかし，ひとつだけ図書館関係者がひどく嫌う描写がある。それは「利用者のプライバシーを軽んじ（ているように見え）る図書館」というものである。たとえば，第1節で紹介した映画『耳をすませば』において主人公は，図書館の貸出カードから同じ本を過去に読んだ者の名前を知る。読書好きな者であれば，自分と同じ本を読む，未だ出会っていない誰かに思いをはせる主人公の気持ちに，多かれ少なかれ共感するに違いない。図書館をこの上なく好意的に描いた作品だと言えよう。しかし図書館関係者は，これを大いに問題視する。なぜなら，主人公が利用している図書館は，利用者のプライバシー（ここでは過去に図書館で借りた本の情報）を保護していないからである。

　図書館はずっと以前から，利用者のプライバシー保護に力を注いできた。利用者が「どのような本を読むか」や「図書館でどのような行動をとるか」は，図書館にとって死守すべき情報であり，『耳をすませば』のように過去の貸出履歴がすべて見えてしまうような情報管理はあってはならないことだとされてきた。実際に，日本図書館協会はスタジオジブリに対して描写に誤りがあると訂正を申し入れたそうである（日本図書館協会図書館の自由委員会編，2008）。せっかく図書館を好意的に描いてくれている作品であるが，図書館関係者にしてみれば，もっとも大事にしてきたことを踏みにじられているのだから，声をあげないわけにはいかないのである。

　一方，この点をうまくクリアしていると思われるのは，これまた第1節で紹介した映画『セブン』である。捜査のための調べものに図書館を利用した老刑事は，若手刑事と話をしているうちに，連邦捜査局（Federal Bureau of Investigation: FBI）が監視している市民の図書館利用記録を利用することを思いつく。そして，特定図書の読者リストを極秘に入手し，それを手がかりに犯人に迫っていく。本作

品では，老刑事のこの一連の行動に対して，相棒の若手刑事が信じられないといった表情で「おいおい，そんなの違法だろ？」とツッコミを入れ，「ああ，だから誰にも言うな」と老刑事が答える。ここには〈本当はやってはいけないことだ〉というメッセージが込められている。

さて，この2つの作品は，かたや「恋愛ドラマ」，かたや「サイコスリラー」と，属するジャンルがまったく異なっているが，どちらも「図書館」が好意的な観点から丁寧に描写され，「（図書館資料の）貸出履歴」が物語の重要なアイテムとして登場する点で共通している。しかし，その重要なアイテムとしての「貸出履歴」の描き方を比較してみると，『耳をすませば』では，利用者が図書館からいとも簡単に手に入れてしまうのに対し，『セブン』では，刑事が捜査の行き詰まりを打開するために，違法性を認識しながらも手に入れる，というように，ニュアンスがかなり異なっている。しかも，『セブン』では，この貸出履歴のくだりで「図書館」は，「貴重な情報を持っている機関」として間接的に言及されるだけで，問題の情報提供にはいっさいかかわっていない。

表現がノスタルジックか硬派かという違いはあるが，どちらの作品も「貸出履歴」が特定の人物の人となりを表す重要な個人情報だという認識に基づいてストーリーを組み立てている点で共通している。しかし，そこでの図書館の描き方の違いから，一方は「問題のある表現を含む作品」と評価されてしまうのである。

ここでは，2つの作品の一部分を取り上げて論じてみたが，これ以上書くとネタバレになってしまうので，ここでとどめておきたい。これらの作品において「図書館が実際にどのように描かれているか」は，ぜひ自分の目で確かめてほしい。上記の作品以外にも，作品中に図書館や図書館員が登場するものを，それらがどのように描かれているか，という別の視点から見てみると，作品の「物語」を

楽しむこととはまた別のおもしろさを発見できるかもしれない。

引用・参考文献

髙橋順一ほか編『人間科学　研究法ハンドブック』ナカニシヤ出版，1998.
日本図書館協会図書館の自由委員会編『図書館の自由に関する事例集』日本図書館協会，2008.

第12章

ネット社会の青少年と図書館

鈴木佳苗

1 青少年のメディアと図書館の利用

ネット社会の青少年の情報探索と問題解決

わからないことや解決したい問題があるとき,われわれはどのような手段を使って必要な情報を得ているだろうか。現代のように社会の情報化が進展し,インターネットが普及した社会(ネット社会)では,インターネットは,本や他者からの情報といったほかの情報源とともに情報探索や問題解決のための手段として利用されている。

情報探索や問題解決の過程でインターネットや本などの情報源を適切に利用するには「インフォメーション・リテラシー」(Information Literacy: IL)を身につけている必要がある。IL とは,情報を探索し,評価し,活用する能力を指す。インターネットや本などを使って必要な情報を見つけ,活用する体験は学校での「調べ学習(本やインターネットなどから必要な情報を収集し,整理・分析し,まとめること)」や「探究学習(自分で課題を設定し,必要な情報を収集し,整理・分析し,まとめること)」に組み込まれており,繰り返し体験することによって IL の育成が期待される。

本章では,青少年のメディアの利用や学習の実態,青少年の情報検索や問題解決のプロセスをふまえて,IL 育成の重要性や育成の方法を紹介する。さらに,今後の展望として,インターネットや本だけでなく,テレビ・ラジオ・新聞などのマスメディアや図書館をひとつの基盤に融合したリテラシーの概念を紹介し,この総合的な

リテラシー育成の展開について議論する。

青少年のメディア利用と学習

情報探索や問題解決のための手段として，インターネットや本などのメディアや図書館はどのように利用されているのだろうか。

「学校読書調査」（全国 SLA 研究部・調査部，2015）によれば，わからないことを調べる手段として，中学生，高校生ではスマートフォン・タブレットの利用がもっとも多かった。辞書，図鑑，百科事典，教科書，資料集なども約 4 ～ 5 割の小学生，中学生，高校生に利用されていた。また，「全国学力・学習状況調査」（国立教育政策研究所，2014）では，授業で「本やインターネットを使って，グループで調べる活動をよく行っていた」割合は小学生で約 8 割，中学生で約 5 割であった。

小学生にもスマートフォンやタブレットの普及は進んでおり，今後，小学生でもわからないことを調べる手段としてスマートフォンやタブレットの利用はより多く見られるようになると考えられる。

探究的な学習における図書館資料の活用

1997 年から「図書館を使った調べる学習コンクール」が始まり，総合的な学習や教科学習，自由研究，卒業研究などにおいて学校で実施されてきた探究的な学習の成果が審査されてきた。学校種別の優れた作品（受賞作品）の傾向（根本，2012）として，「作品のテーマ」については，小学生では「自然科学」（日本十進分類の 4 類），中学生では「歴史」（2 類），高校生では「社会科学」（3 類）に関するテーマがもっとも多かった。また，「利用された参考資料」のなかの図書資料については，テーマに対応した分類のものが多く，高校生では「歴史」（2 類）も多く利用されていた。小学生から高校生を通じて，利用された参考資料の種類（「図書資料」「電子資料」「映像資料」「逐次刊行物」「その他」）としては，図書資料に続いて電子資料

が多かった。学校段階が上がるにつれて，多様な資料（「逐次刊行物」や「その他（地方自治体の資料など）」）を使用する傾向も見られている。

調べ学習や探究的な学習に使用する資料は，廃棄までの期間が比較的短く，十分な資料を収集するには多くの費用がかかる。しかし，小学校から高校までを通じて10年以上前に配備された百科事典や図鑑を継続して使用している学校図書館が多く（文部科学省，2016），資料をどのように確保するかが課題となっている。

2 情報探索や問題解決におけるインフォメーション・リテラシー

インフォメーション・リテラシーとは

ILは，学び方，つまり情報探索をともなう問題解決のプロセス全体にかかわる重要な能力である。ILという用語は1970年代に初めて用いられ，1989年にILの定義が米国図書館協会によって示されて以降，さまざまな国，機関・団体，研究者がこの概念の定義や基準などについて議論してきた。

ILにはさまざまな定義があるが，代表的な定義のひとつとされる米国図書館協会（American Library Association: ALA, 1989）の定義によれば，「ILを備えた人とは，学び方を習得した人」であり，彼らは，「学び方，情報の見つけ方，情報の利用の仕方を知って」おり，「必要な情報をいつでも見つけることができるため，生涯学習に対する準備が整った人」であるとされる。

日本におけるインフォメーション・リテラシー

日本において「情報リテラシー」が広義の意味で使用される場合には，「IL」の概念に近い。しかし，狭義の意味で使用される場合はコンピュータ・リテラシー（コンピュータを使いこなす能力）の概念に近いため，この用語の使用には注意が必要である。本章では，

ALAの定義に沿ったILの概念を「IL」と表記している。

　日本では,「情報リテラシー」に対応する概念として,1986年の臨時教育審議会第2次答申において「情報活用能力」という概念が初めて示され,その後,学校ではこの情報活用能力の育成を目標とした情報教育が行われてきている。情報活用能力には,「情報活用の実践力」,「情報の科学的理解」,「情報社会に参画する態度」の3つの観点があり,これらをバランスよく身につけることが求められている(文部科学省,2010)。

　ILと情報活用能力は,情報を処理する能力にかかわっている点では共通している。一方,情報活用能力はILに比べて学校における学習という側面が強く,個人の幸福のための自立的学習の形成や民主主義社会の責任の観点(坂本,2007),生涯学習の視点が弱い。また,ILの育成においては図書館の役割が重視されてきた(次節参照)が,情報活用能力の育成を目的とする日本の情報教育では図書館活用の議論が弱かった。しかし,現在の図書館利用指導では,従来のような図書館の効果的な利用方法を指導するだけでなく,(広義の)「情報リテラシー」の習得・向上を支援する役割が期待されている。

3　インフォメーション・リテラシーの育成

情報探索や問題解決のプロセスとインフォメーション・リテラシー

　ILを育成するためには,情報探索を適切に行い,問題解決をする経験が必要である。情報探索や問題解決の作業を支援するためには,情報処理のプロセスにおいて学習者が困難に感じる作業を把握し,困難を克服するための学習方法を検討していくことが有用であると考えられる。

　これまでに,情報探索や問題解決の情報処理のプロセスについてはさまざまなモデルが示されてきている。これらのモデルのなかで,

クルトー（Kuhlthau, C. C.）の「情報探索プロセスモデル（Information Search Process Model: ISPモデル）」は，高校生の情報探索プロセスの検討などを通して，情報探索プロセスにおける学習者の感情，思考，行為を説明している（Kuhlthau, 2004; Kuhlthau, Maniotes, Caspari, 2012）。

情報探索プロセスモデル

ISPモデルには課題が終了するまで（「課題の開始」から「発表」まで）の6つの段階と，その後の「査定」の段階がある（表12-1）。

ISPモデルの「課題の開始」（第1段階）は，「トピックの選択」（第2段階）のための準備段階である。課題が与えられた時点では，生徒はこれから課題を完成させるために自分に求められていることなどについて不安を感じやすい。「トピックの選択」（第2段階）では，生徒は，さまざまな条件（個人的関心，利用可能な情報など）を考慮し，情報探索，レファレンスコレクションの利用，人に相談をしながら，もっとも成果が得られそうなトピックを選択する。生徒は最初，不安を感じているが，トピックが決まると前向きな気持ちになる。「予備的探究」（第3段階）は，トピックに対しての理解を深め，トピックに関する焦点を定めるために，一般的なトピックについての情報を調べる段階である。この段階は多くの生徒にとってもっとも難しい。新しく得た情報は既存の知識と一致しないことが多く，さまざまな情報源からの情報は矛盾していることから，生徒は作業をやめたくなったり，フラストレーション，戸惑いや不安などを感じる。「焦点形成」（第4段階）は，「予備的探究」（第3段階）で得た情報を用いてトピックに関する焦点を定める段階である。この段階では，多くの生徒は不安を感じなくなり，課題を完成させる自信がつく。この段階で焦点形成ができなかった生徒は，この後の段階の作業が難しくなる。「情報収集」（第5段階）は，情報システムを使って，第4段階で焦点化したトピックに関する情報収集を行

表12-1 ISPモデルと導かれた探求モデルの概要

ISPで生徒が行う活動	ISPの段階*	導かれた探究の段階	導かれた探究において学習支援チーム(以下、「チーム」と記す)が行う支援の例**
課題を開始する	課題の開始 (Initiation)	開始 (Open)	チームは問いかけ、どんな応答も受け入れる探究の姿勢や、日常の経験を探究のトピックに結びつけたモデルを示す
トピックを選択する	トピックの選択 (Selection)	没入 (Immerse)	チームはさまざまな視点、不完全なアイデア、不確かな推論を受け入れる探究の姿勢、さらにはチームが考えたり、問題として取り上げたり、日常の経験を探究のトピックに結びつけたモデルを示す
トピックの焦点を定めるために情報を探索する	予備的探索 (Exploration)	探索 (Explore)	情報探索のさまざまな方略(ブラウジング、スキャニング[特定の情報を探すこと]、スキミング[資料全体をすばやく見通すこと])や、情報をさっと読んだり、ワークシートにアイデアをメモして考えたり、情報源を選んで記録する方略を示す
トピックの焦点を絞り込む	焦点形成 (Formulation)	確定 (Identify)	アイデアを取捨選択するために、アイデアをワークシート***にまとめて整理し、今後、探求する価値の高い問いを決めるためのモデル(思考過程や意思決定過程のモデル)を示す
焦点を絞り込んだトピックに関連した情報を収集する	情報収集 (Collection)	収集 (Gather)	学校図書館司書は情報源を探したり、よい情報源を評価したりする方略を示す。チームは、探究的な問いに関連した情報を記録したり、情報の要約、言い換え、引用、解釈したりするためのワークシートの使い方を示す
発表の準備をする	発表 (Presentation)	創造 (Create)	さまざまなワークシートを用いてアイデアをまとめるモデルを示す
		共有 (Share)	効果的なコミュニケーションの技法を示す(短く、有益なプレゼンテーションの例など)。また、異なる意見が出てきた際に、異なる意見を尊重しながら議論に積極的に参加するモデルも示す
学習過程を査定する	査定 (Assessment)	評価 (Evaluate)	「創造」から「評価」の過程において、2種類の評価(生徒の自己評価、学習支援チームの評価)を行う/生徒の自己評価では、使用した情報源、作業内容や過程、成果物などを評価する/学習支援チームの評価では、生徒のワークシート、最終的な成果物、作業過程などを検討し、評価ツール(ルーブリック)を使用して、5つの側面(内容、過程、インフォメーションリテラシー、リテラシー[読む、書く、聞く、話す、見る、伝える]、社会的スキル)について協議によって評価する

* 「ISPの段階」は、Kurlthau(2004)に基づいて記述している。
** 「導かれた探究」の「開始」から「共有」の段階については、「モデルを示すこと(Modeling)」の例を掲載している。
*** ワークシートの例には、http://www.eduplace.com/graphicorganizer/ などがある(Kuhlthau et al., 2012)。

う段階である。この段階で、焦点を明確化できた生徒は、適切な情報ニーズを司書に伝えたり、情報システムで使うことができ、利用可能なあらゆる情報源を使って包括的な探索ができる。この段階では、生徒の学習への関心が高まり、自信が増す。「発表」(第6段階)は、探索を完了し、発表などの準備をする段階である。探索が完了すると、生徒は安心する。また、この段階は、探索の結果をまとめて書きはじめる段階である。前述のように、焦点化ができていない生徒はこの段階で書いたり発表したりする準備がうまくいかず、がっかりすることが多い。

査定の段階は、課題が終わり、生徒が自分が達成できた内容について振り返る段階である。ほとんどの生徒は自分の学習の経過に満足するが、なかには作業が期待していた水準に達せず、がっかりする生徒もいる。

導かれた探究モデル

クルトーらは、ISPモデルの実践だけでは生徒が複雑な情報社会に適応する力や知識をつけるには十分ではなく、教員たちが一緒に活動し、導かれた探究(従来の学校を協調的に探究を行うコミュニティに変えるための思考法、学習法、教授法)の知識をもち、学習を日常生活に応用する方法を考え、生徒を指導することによって、学習がより意味のあるものになると考え、「導かれた探究(Guided Inquiry)」モデルを提唱した(Kuhlthau et al., 2012)。導かれた探究モデルは表12-1の8つの段階(「開始(Open)」から「評価(Evaluate)」まで)から構成されている。また、導かれた探究モデルのそれぞれの段階は、表12-1のように、ISPの各段階に対応している。

ISPモデルは生徒が課題を行うため学習者の情報探索過程を中心に示していたが、導かれた探究モデルでは、カリキュラムとの関連性を持ちつつ、生徒自身が探究的なトピックを設定し学習支援チームの指導を受けながらコミュニティの資源を活用して学習を進めて

いく。学習支援チームの主要メンバーは3名程度であり，教員や学校図書館司書などが含まれる。学校内の他のメンバーとしては，さまざまな教科を担当する教員などがいる。学校外のメンバーとしては，信頼できるコミュニティ内の専門家（公共図書館員，学芸員など）や講演者（建築家，ジャーナリストなど）などがいる。

　導かれた探究で学習支援チームが行う支援は，「開始（Open）」「没入（Immerse）」の段階では，「モデルを示すこと（Modeling：M）」「聞くこと（Listening：L）」「促すこと（Encouraging：E）」から構成されている。「探索（Explore）」から「共有（Share）」までの段階では，これらに「査定すること（Assessing：A）」が加わる。

　日本の学校図書館では，調べ学習や探究的な学習に使用する資料の整備に関して厳しい状況が続いている。団体貸出などの物流ネットワークを形成することは難しい場合でも，教員，学校図書館職員，コミュニティの専門家と連携した学習支援チームの形成は，学習の支援に大きな役割を果たすことが期待される。

4　総合的リテラシー育成の展開

ネット社会の総合的リテラシー

　本章で取り上げてきた IL にはさまざまな関連概念があるが，そのひとつが「メディア・リテラシー」（Media Literacy: ML）である。ML の概念も IL と同様に多義的であるが，日本では，2000年に旧郵政省（現総務省）が公開した「放送分野における青少年とメディア・リテラシーに関する調査研究会報告書」のなかで示された定義などがある。この報告書では，ML は「メディアを主体的に読み解く能力」「メディアにアクセスし，活用する能力」「メディアを通じコミュニケーションする能力」の3つを構成要素とする，複合的な能力と定義されている。

　IL と ML はこれまで別々に育成されることが多かったが，1980

年代からユネスコは「IL」と「ML」の統一概念として,「メディア・インフォメーション・リテラシー(Media Information Literacy: MIL)」という概念を示している。MIL は,「市民がメディアやその他からの情報に効果的にかかわり,批判的思考や,社会に参加するための生涯学習のスキルを向上させ,能動的な市民になるために不可欠な能力」と定義される(Wilson, Grizzle, Tuazon, Akyempong, and Cheung, 2011)。また,MIL を身につけることによって,人々は「メディア,図書館,公文書館やそれ以外の情報が,どのように作用するのか,どのようにメッセージとその価値を伝えるのか,どのように使われるのか,そして提供された情報がどのように批判的に評価されるのかということに関し知識と理解を得る」ことができると考えられている。

メディア・インフォメーション・リテラシーの概念モデル

2014年にユネスコは「MIL 指針」を発表した。この指針では,MIL の概念モデルが図示されている(図 12-1)。モデルの中心には,メディア,インターネット,図書館だけではなく情報も位置づけられている。この中心の円は情報を伝達する手段であると同時に情報源を表しており,MIL の育成にはこれらの情報源を利用できることが重要である。

中心から2つめの円は,「目的」を表している。「目的」は,情報やメディアを利用する理由に当たる。図 12-1 のそれぞれの「目的」には,すべての市民が基本的に知っておくべき主要な動機があげられている。

中心から3つめの円は,「理解」を表している。これは,市民がメディアやその他の情報プロバイダの利用の仕方,役割,性質,専門的・倫理的な基準についてもっていなければならない基本的な知識のことである。「目的」と「理解」によって,批評的な分析,情報やメディアの倫理的な利用が進むだけでなく,情報やメディアに

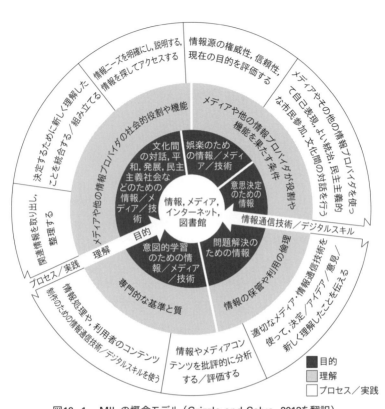

図12-1　MILの概念モデル（Grizzle and Calvo, 2013を翻訳）

アクセスしていない市民にアクセスするように働きかける必要があると考えられている。

　中心から4つめの一番外の円は，「プロセス／実践」である。この円は，情報やメディアのコンテンツを効果的に創ったり，倫理的に利用したり，社会的，経済的，政治的，文化的，個人的にメディアやその他の情報プロバイダを利用するためのさまざまな方法や市民が持つべきコンピテンシーを説明している。

メディア・インフォメーション・リテラシーの育成に向けて

　MILの概念モデルのなかで，本章で中心的に取り上げてきたのは，「情報源」として「インターネット」，「図書館」，「目的」として「問題解決」であった。これらを図12-1に位置づけると，総合的にMILを高めるために，このほかにどのような「情報源」をどのような「目的」でどのような「理解」をもって用いて，「プロセスと実践」を進めていく必要があるのかを検討することができると考えられる。

　MILの概念モデルは，図書館を含む情報源の活用に対してさまざまな実践の可能性を示唆している。今後，青少年のMILを高める本やインターネット，図書館の活用法が検討されていくことが望まれる。

引用・参考文献

American Library Association. "Presidential committee on information literacy: Final report", 1989. 〈http://www.ala.org/acrl/publications/whitepapers/presidential〉（2015年5月1日閲覧）

Grizzle, A. and Calvo, M. C. T. "Media and information literacy policy and strategy guidelines". UNESCO, 2013. 〈http://www.unesco.org/new/en/communication-and-information/resources/publications-and-communication-materials/publications/full-list/media-and-information-literacy-policy-and-strategy-guidelines/〉（2015年5月1日閲覧）

国立教育政策研究所. 平成26年度 全国学力・学習状況調査 報告書 質問紙調査, 2014. 〈http://www.nier.go.jp/14chousakekkahoukoku/report/question〉（2015年5月1日閲覧）

Kuhlthau, C. C. Seeking meaning: A process approach to library and information services. 2nd ed. Libraries Unlimited, 2004.

Kuhlthau, C. C., Maniotes, L. K., and Caspari, A. K. Guided inquiry: learning in the 21st century. Libraries Unlimited, 2007.

Kuhlthau, C. C., Maniotes, L. K., and Caspari, A. K. Guided inquiry design: A framework for inquiry in your school. Libraries Unlimited, 2012.

文部科学省. 「教育の情報化に関する手引」について, 2010. 〈http://www.

mext.go.jp/a_menu/shotou/zyouhou/1259413.htm〉（2015 年 5 月 1 日閲覧）

文部科学省．平成 28 年度「学校図書館の現状に関する調査」の結果について，2016.〈http://www.mext.go.jp/a_menu/shotou/dokusho/link/1378073.htm〉（2016 年 10 月 17 日閲覧）

根本彰編著『探求学習と図書館：調べる学習コンクールがもたらす効果』学文社，2012.

坂本旬「『探究学習』の系譜と学校図書館」『法政大学キャリアデザイン学会紀要』Vol. 4, 2007, pp. 49-59.

Wilson, C., Grizzle, A., Tuazon, R., Akyempong, K., and Cheung, C. K. "Media and information literacy curriculum for teachers". UNESCO, 2011 〈http://unesdoc.unesco.org/images/0019/001929/192971e.pdf〉（2015 年 5 月 1 日閲覧）（『教師のためのメディア・情報リテラシーカリキュラム』和田正人・森本洋介監訳，2014.〈http://unesdoc.unesco.org/images/0019/001929/192971jpn.pdf〉（2015 年 5 月 1 日閲覧））

全国 SLA 研究部・調査部「第 61 回学校読書調査報告」『学校図書館』No. 781, 2015, pp. 12-37.

第4部
図書館の向こうに広がる知識の宇宙

The universe of knowledge
spread across the library

第13章

知識はどこにあるのか

横山幹子

1 知るということ

　「図書館が駅から徒歩約十分であると知っている」と私が言ったとき，「図書館が駅から徒歩約十分である」という知識はいったいどこにあるのだろうか。私の心の中？　私の脳の中？　それは私の心や脳の状態？　主観的なもの？　——もし知識が私の心にあり主観的なものだとしたら，私は，その知識を他の人と共有できなくなってしまう。

　しかし，われわれは共有できるものとしての知識を考えて暮らしている。友人と図書館で待ち合わせするとき，私が「図書館は駅から徒歩約十分ですよ」と伝え，友人は，「わかった」と答える。そして，われわれは，「図書館が駅から徒歩約十分である」という知識を共有できたと考える。知識が共有できると考えているから，個々の知識は学問の対象になりうる。

　この章では，哲学において「知識」がどのように考えられてきたかを参照しながら，共有され学問対象となりうる「知識」について考えていきたい。

正当化された真なる信念

　哲学事典では，「知識は一般に命題や言明のかたちで表現される。そこで述べられているのは信念内容である。それが知識であるためには，その信念が真であり，さらに証拠によって裏づけられる必要

がある。以上をまとめて『知識とは正当化された真なる信念（justified true belief）である』というのが知識の標準的な定義（必要十分条件）にほかならない」（廣松ほか編, 1998）と述べられている。それはどのようなことを意味しているのだろうか。

先ほどの例でみてみよう。「図書館が駅から徒歩約十分であると知っている」と言ったとき，そこで知識とみなされるものは，「図書館が駅から徒歩約十分である」という文によって表現されている内容である。その内容を，「知っている」と言っている人が，信じているのである。そのような表現されている内容は，哲学の術語では「信念内容」と呼ばれる。

しかし，それが信念内容であるだけでは，知識とは呼ばれない。まず，「図書館が駅から徒歩約十分であること」が，真，つまり，正しくなければならない。駅から図書館まで歩いて三十分かかったとしたら，われわれは「図書館が駅から徒歩約十分であると知っている」と認めないだろう。しかし，正しい内容であっても，われわれが「知っている」と認めない場合がある。「なぜ図書館が駅から徒歩約十分だと知っているの？」と聞かれて，その根拠を答えられない場合である。「何となくそう思った」と言われても，われわれは，その人が「図書館が駅から徒歩約十分であると知っている」とは認めないだろう。知識であるためには，たとえば，「一度，駅から図書館まで歩いたことがあって，そのとき十分かかったから」というように，なぜそれを知っているのかの根拠を答えられなければならないのである。根拠を答えることは，「正当化する」と言われる。

このように考えるならば，「正当化された真なる信念」が，知識の定義とされてきたことに納得がいくだろう。「正当化された真なる信念」という知識の標準的な定義は，古代ギリシア（プラトン, 1974）から現代（Ayer, 1956; Chisholm, 1957, 1966）までの長い伝統をもっていると言われているのである（戸田山, 2002）。しかし，その

ような知識の定義に対してはさまざまな問題が指摘されている。

遡行問題とゲティアの反例

　ひとつの大きな問題は,「正当化の過程がどこまでさかのぼることができるのか」という問題である。先の例では,「なぜ図書館が駅から徒歩約十分だと知っているの？」と聞かれて,「一度, 駅から図書館まで歩いたことがあって, そのとき十分かかったから」と答えていた。しかし,「一度, 駅から図書館まで歩いたことがあって, そのとき十分かかった」と知っていることの根拠は何なのか。駅を出発するときに自分の腕時計で時間を確認し, 図書館に着いたときにもう一度時間を確認したら, 十分たっていたということなのか。でも, その腕時計が正確であるという証拠はどこにあるのか。自分が時間を見間違えたのではないという証拠はどこにあるのか。

　このような問題は,「遡行問題」と呼ばれる。その問題を解決するために採用されるのが,「基礎づけ主義」である。基礎づけ主義とは, さかのぼっていくならば, どのような知識にも間違えようのない土台があり, それが他の知識を基礎づけているはずだと考える立場である。そしてその土台となるものは, 基礎的信念と呼ばれる。しかし, この立場には,「すべての知識の基礎になるような基礎的信念など本当にあるのだろうか」という問題が提示されている（土屋, 1990；戸田山, 2002）。

　もうひとつの問題は, 知識の標準的な定義には「ゲティアの反例」と呼ばれるものが存在するということである。ゲティアは,「正当化された真なる信念は知識だろうか」という論文のなかで,「正当化されている」ということと「真である」ということを区別するならば,「正当化されている」「真である」「信念である」という知識の標準的な定義の3つの条件を満たしたうえでも, われわれが知識と呼びたくないものがあるということを指摘している（Gettier, 1963）。この問題は「ゲティア問題」と呼ばれる。

ゲティアの挙げている反例のひとつは，次のようなものである。
　スミスとジョーンズは同じ会社の採用試験にエントリーしている。スミスは，「ジョーンズが採用される，かつ，ジョーンズがポケットに 10 枚のコインを持っている」と信じるだけの強い証拠を持っている。その会社の社長が，スミスに「ジョーンズが採用される」と確かに言ったし，ほんの少し前にジョーンズのポケットの中のコインを数えたからだ。そこからスミスは「採用される男のポケットには 10 枚のコインが入っている」と推論した。スミスのこの信念は，正当化されたものである。しかし，スミスは知らないが，採用されるのはジョーンズではなくスミスで，彼のポケットにも 10 枚のコインが入っているとする。そのときでも，「採用される男のポケットには 10 枚のコインが入っている」は真である。この場合，スミスは「採用される男のポケットには 10 枚のコインが入っている」と知っているとは言えないだろう。
　このような基礎づけ主義の問題やゲティア問題は，知識の標準的な定義に疑問を投げかけた。そして，それらの問題への対応を考えていくなかで，「知識の標準的な定義がうまくいかないのは，知識を心の中の状態とだけ考えるからだ」という考えが出てくるのである（土屋，1990；戸田山，2002）。

2　知識の外在化

外在主義と内在主義

　「知識を心の中の状態と考えるだけではうまくいかない」と考え，その結果生じてくるのが「外在主義」である（土屋，1990；戸田山，2002；上枝，2003）。
　知識に関する外在主義を理解するためには，まず，内在主義がどのような考えであるかを確認しておく必要がある。知識にかかわる内在主義には 2 種類のものが考えられる。「ある信念を正当化する

すべての要素が，当の認識者にアクセス可能（その意味で内在的）であることを要求する理論」（上枝，2003）と「語の意味や文の内容などが，外部環境から切り離された単独の個人の心の中に存在するとする理論」（上枝，2003）である。前者は「認識論的内在主義」，後者は「意味論的内在主義」と呼ばれる。

　認識論的内在主義によれば，私が「図書館が駅から徒歩約十分であると知っている」ためには，その根拠となるすべての要素を自分でわかっていなければならない。このような内在主義に対する外在主義は，知識の正当化にあたって，認識者にアクセス可能である必要がない要素を認めるものである。たとえば，認識論的外在主義は，知識の正当化に自然的な関係を取り入れようとする。代表的なものは，ゴールドマンの「知識の因果説」（Goldman, 1967）である。ゴールドマンは，ゲティアの反例を避けるために，知識の標準的な定義に因果的な結びつきがあるという条件を加える。「図書館が駅から徒歩約十分である」という知識は，「図書館が駅から徒歩約十分である」という事態が原因となって引き起こされていなければならないのである。

双子地球の思考実験

　意味論的内在主義者によれば，私の信念の内容は，私の心の中にだけ存在する。しかし，意味論的外在主義者によれば，信念の内容を決定するさいに，心の外にあるものが重要な役割を果たす。この意味での外在主義を主張するものとして，たとえば，パトナムの「双子地球の思考実験」（Putnam, 1975）がある。

　パトナムは，地球上では「水」と呼ばれる液体（H_2O）の化学式がXYZである以外は何も地球と異ならない双子地球を考える。地球上の「水」と呼ばれる液体も双子地球上の「水」と呼ばれる液体も普通の温度や圧力では区別できない。両方とも水のような味がし，水のようにのどの渇きを潤し，海や湖はその液体で満たされていて，

その液体の雨も降る。そのような場合に，宇宙船で地球人が双子地球に行くなら，地球人は最初その液体が地球上と双子地球上で同じ意味をもつと考えるだろう。そして，化学式が違うとわかったときに初めて，両者が違うものだとわかるのである。だとすれば，話者の心的状態が語の意味を決定し，意味がその指示対象を決定するという考えは間違っているのである。

3　言語による伝達

言語論的転回

　知識を心の中だけのものとして扱うことをやめようとする考えは，他のところでも生じている。現代哲学の流れのひとつである分析哲学がそれである。これは，言語（それが論理学のような形式言語であれ，われわれがふだん話している日常言語であれ）の分析によって哲学的問題を考えていこうとする立場である。

　ダメットは，分析哲学について，「分析哲学といってもさまざまな現れ方をするのだが，それを他の学派から区別しているのは，第一に，思想についての哲学的な説明は言語についての哲学的な説明を通して獲得されうるという信念であり，第二に，包括的な説明はそのようにしてのみ得られるという信念である」（Dummett, 1994, p. 4；野本ほか訳, 1998, p. 5）と言っている。

　このような哲学の動向を表すために，言語論的転回ということばが使われる。哲学事典の「言語論的転回」の箇所には，次のように記されている。

　　デカルトの〈コギト〉の自覚に始まる近代哲学は，基本的には自己意識の明証性を出発点とし，観念分析や意識分析（反省）を方法として展開された。その結果，意識の私秘性という壁に阻まれて〈外界存在〉や〈他我認識〉のアポリアを解決できず，不可知論や独我論の袋小路に陥

らざるをえなかった。それに対して、哲学の考察場面を私秘的な意識から公共的な言語へと移行し、意識分析から言語分析への方法論的転換を図ることによって、哲学的問題に新たな探求の地平を開こうとしたのが『言語論的転回』であったと言うことができる。(廣松ほか編,1998)

このままでは、難しいことばも多いので、以下で、もう少しわかりやすいことばで説明したい。

外に現れたものとしての知識

デカルトは、明晰判明な知識を求め、方法的懐疑を行った。少しでも疑う可能性のあるものを排除し、自分の信念の中に知識の確固たる基礎を探そうとしたのである。そのなかで感覚によって得られる知識から始まり、数学や論理学の知識まで、さまざまなものが疑われる。そして、さまざまな疑いから逃れる真理として、彼は、有名な「われ思う、ゆえに、われあり(コギト・エルゴ・スム)」という真理に到達する。そのあとで、彼は、神の存在証明を経て、そのコギトの真理を土台として、基礎づけ主義的に、方法的懐疑で疑ったすべての知識を取り戻していこうとするのである。しかし、このようなデカルト的な基礎づけ主義の問題点は、さまざまなところで指摘されている(戸田山,2002)。

一般的に言えば、観念分析や意識分析によって知識を考えようとする立場は、観念や意識が主観的なものだと考えられるために、「その分析によって得られる知識が本当に外界の存在についてのものなのか」をはじめとするさまざまな問題に出会う。

「私が今コンピュータを見ている」という知識が、私の心の中の主観的なものだとするならば、その主観的なものが、どうして私の外にあるコンピュータについてのものであるといえるのだろうか。デカルトは、感覚がときにわれわれを欺くことがあるということから、その知識が確実なものではない可能性があるとしていたではな

いか。見間違えを一度もしたことがない人はいない。見間違えは，われわれの心の中にある主観的なものと，外界の存在が異なっていることを示している。デカルトは，「考える私」の存在だけは疑いえないとしたうえで，神の存在証明を行い，「私が明晰判明に理解するものが確実である」と神が保証してくれるとして，方法的懐疑で疑った外界の存在についての知識を取り戻そうとした。しかし，デカルトのように，神の存在証明を経て外界の存在についての知識を確実なものとして手に入れることを望まないとしたら，われわれが知ることができるのは，観念や意識といった主観的な世界についてのことだけであって，外界については何も知ることができないのではないか。

　それに対して，哲学的問題を考える方法を，観念や意識という主観的なものの分析から外に現れたものとしての公共的な言語の分析に変化させることによって，観念分析や意識分析で哲学的問題を考察することによってもたらされるさまざまな困難を乗り越えていこうとして生じたのが，「言語論的転回」なのである。

　このように，哲学の問題を解決するために言語分析を行っていこうという考えのなかには，知識を心の中だけのものとして扱うのではなく，外に現れたものとして扱っていこうという考えが含まれている。観念や意識という主観的なものを分析することによって知識の問題を考えていくのではなく，言語という外に現れた公共のものを分析していくことによって知識の問題を考えていこうというのである（飯田，1987；Dummett, 1994）。そして，知識の問題を，外に現れた公共的な言語の問題として考えていけるとしたら，そのことは，知識を客観的なものとして扱い，それを言語によって伝達していくという可能性を含むのである。

4　記録による知識共有

　今まで，哲学において「知識」についてどのように考えられてきたかの一部を紹介してきた。まず，最初に，「正当化された真なる信念」という知識の標準的な定義を確認し，それに対して提出されているいくつかの批判的な見解（遡行問題・基礎づけ主義批判・ゲティアの反例）を紹介した。そして，次に，「知識を心の中の状態と考えるだけではうまくいかない」という考えのひとつとして，外在主義の立場について説明した。それから，さらに，知識を心の中の状態としてだけ扱うことに反対するもうひとつの考えとして，知識の問題を言語分析によって考えていこうとする立場があることを述べた。

　知識を外在主義的なものとしてとらえる考え，知識の問題を言語分析によって考察していこうとする立場には，知識を客観的なものとして扱う可能性が含まれている。前節では，知識を言語によって伝達していく可能性に言及したが，その伝達は，言語に限らないかもしれない。言語以外のさまざまな記号も，知識を表現することができる。地図に載っている「〇」という地図記号は，町村役場がどこにあるのかをわれわれに教えてくれるかもしれない。「キンコンカンコン」というチャイムの音は，授業の始まりや終わりをわれわれに教えてくれるかもしれない。

　そのような，言語，その他の記号によって表現される知識は，その場限りの場合もありうる。「図書館が駅から徒歩約十分である」という発話は，書き留められないならば，その場限りのものである。しかし，われわれは，文字，その他の記号を使うことによって，それを書き留めることができる。それは，記録されることができるのである。記録の方法も書き留めることだけには限らない。たとえば，録音することやビデオをとることによっても，記録することはできる。そして，さまざまなかたちで記録されたものは，多くの人によって共有される。

このように考えてくるならば，知識を個人の心の中だけにある主観的なものではなく，他の人々と共有しうる客観的なものとしてとらえうるのである。

引用・参考文献

飯田隆『言語哲学大全Ⅰ：論理と言語』勁草書房，1987.

上枝美典「解説」Chisholm, R. M.『知識の理論 第3版』世界思想社，2003.

土屋純一「知覚による知識」神野慧一郎編『現代哲学のフロンティア』勁草書房，1990.

戸田山和久『知識の哲学』産業図書，2002.

野田又夫編『世界の名著27 デカルト』中央公論社，1978.

廣松渉ほか編『岩波哲学・思想事典』岩波書店，1998.

プラトン「テアイテトス」『プラトン全集2』田中美知太郎訳，岩波書店，1974.

Ayer, A. J. The Problem of Knowledge. Macmillan, 1956.（『知識の哲学』神野慧一郎訳，白水社，1981）

Chisholm, R. M. Perceiving: a Philosophical Study. Cornell University Press, 1957.（『知覚：哲学的研究』中才敏郎ほか訳，勁草書房，1994）

Chisholm, R. M. Theory of Knowledge. Prentice Hall, 1966.（『知識の理論』吉田夏彦訳，培風館，1970）

Chisholm, R. M. Theory of Knowledge. Third edition, Prentice Hall, 1989.（『知識の理論 第3版』上枝美典訳，世界思想社，2003）

Dummett, M. Origins of Analytical Philosophy. Harvard University Press, 1994.（『分析哲学の起源：言語への転回』野本和幸ほか訳，勁草書房，1998）

Gettier, E. L. Is Justified True Belief Knowledge? Anlysis, 23, 1963, pp. 121-123.（「正当化された真なる信念は知識だろうか」柴田正久訳，森際康友編『知識という環境』名古屋大学出版会，1996）

Goldman, A. A causal theory of knowing. The Journal of Philosophy, 64, 1967, pp. 357-372.

Putnam, H. The meaning of 'meaning'. In Mind Language and Reality. Cambridge University Press, 1975.

第14章

分類を通して知識の体系をとらえる

緑川 信之

1 知識の体系と分類

　図書館にはさまざまな知識を詰め込んだ資料が並んでいる。日本の大部分の図書館では，総記，哲学，歴史，社会科学，自然科学，技術，産業，芸術，言語，文学という順序で並べられている。また，たとえば社会科学の中は，政治，法律，経済，財政，統計，社会，教育などに分けられ，それぞれがさらに細かく階層的に分けられている。このように，資料のなかに詰め込まれている知識の内容によって，階層的に区分され，一定の順序で並べられているのである。これは，知識を階層性と配列順序で体系づけていることにほかならない。

　では，なぜこのような階層で，このような順序なのだろうか。それは，日本の大部分の図書館では，「日本十進分類法」という分類表を使って資料を並べているからである。他の分類法を使えば，階層も配列順序も異なる。つまり，分類法によって知識の体系のとらえ方が異なるのである。

古代・中世の学問分類

　分類を通して知識の体系をとらえようとする試みは古代の哲学者も行っていた。アリストテレスは，真理の認識自体を目的とする理論的な学問，実践を目的とする学問，製作を目的とする学問というように，まず学問の目的によって分類し，つづいて，学問の対象に

よって理論的学問を神学（第一哲学），自然学，数学に，また実践的学問を倫理学と政治学に分けている（山脇，1998）。

その後もさまざまな学問分類が提唱されたが，後の資料の分類に関連して重要なのが，中世の大学の学部構成である。中世の大学には神学部，医学部，法学部，哲学部（学芸学部）がおかれていた（グラント，2007）。哲学部は，ここだけでも卒業できるが，神学部，医学部，法学部へ進学するための基礎課程でもあり，自由学芸七科が教えられていた。自由学芸七科とは，言語にかかわる文法学，論理学，修辞学の三科と数学にかかわる幾何学，数論，天文学，音楽論の四科である（山脇，1998）。基礎学問としての自由学芸七科と専門的学問としての神学，医学，法学という位置づけであった。この大学の学部構成は19世紀まで続き，図書館や図書販売目録での資料の分類も学部構成を反映していた。その資料分類の代表がフランス方式と呼ばれる分類法で，17世紀のノーデ（Naudé, G.）による分類法に端を発し，19世紀初頭にブリュネ（Brunet, J. C.）によって確立された。ブリュネは，学問を神学，法学，科学・芸術，文学，歴史に分け，さらにそれらを細分している（医学は科学の一部という扱いになっている）（LaMontagne, 1961）。

近代以降の学問分類

一方，近代にはベーコン（Bacon, F.）が1605年に刊行した『学問の進歩』（ベーコン，1974）という著作のなかで，人間の知的能力によって学問の分類を行っている。それは，記憶力による歴史，想像力による詩，そして理性による哲学である。このベーコンの学問分類は，18世紀後半に『百科全書』（ディドロ／ダランベール，1971）の項目立てに使われる。ベーコン方式の学問分類は，資料分類にも影響を与えるようになる。それは19世紀後半のアメリカにおいて顕著に現れた。19世紀後半には大学の学部構成が大きく変化した。哲学部が発展し，自然科学や社会科学の専門領域を扱う学部が独立

したため,もはや基礎課程という位置づけではなくなったのである(潮木,1973)。こうした大学の学部構成の変化は学問分野の変化を反映している。ヨーロッパの図書館ではまだこの学問分野の変化が資料分類にまで影響を及ぼしていなかったが,アメリカではベーコン方式の学問分類に基づく資料分類法が作成されるようになった。その代表が「デューイ十進分類法(Dewey Decimal Classification)」で,デューイ(Dewey, M.)が1876年に作成し,現在,世界でもっともよく使われている資料分類法である。日本十進分類法もこれを参考にして作成された。

19世紀末から20世紀初頭にかけて,学問分類は現在みられる理系と文系という二分法をとるようになる。ヴィンデルバント(Windelband, W.)は,自然科学的方法による法則定立科学と歴史的方法による個性記述科学という分類を行った(ヴィンデルバント,1929)。リッケルト(Rickert, H.)は,この名称では前者は普遍的なもののみを,後者は特殊的なもののみを扱うと誤解されるとして,自然科学と文化科学というよび方を提唱した(リッケルト,1939)。

以上みてきたように,知識の体系は学問分類を通してとらえられてきた。学問分類は資料分類の基礎にもなっている。次節以降では資料分類について考える(緑川,1996)。

2 知識の配列順序

分類順の資料配列

前節冒頭で,日本の大部分の図書館では資料が日本十進分類法に従って配列されていると述べた。しかし,日本十進分類法が参考にしたデューイ十進分類法では,項目と配列順序が異なっている(表14-1)。日本十進分類法にある産業という項目がなく,逆に,宗教という項目が立てられている。順序も,日本十進分類法では3番目だった歴史が最後の項目になっており,逆に,日本十進分類法で最

表14-1　日本十進分類法とデューイ十進分類法

日本十進分類法（新訂10版）	デューイ十進分類法（第23版）
総記	総記
哲学	哲学
歴史	宗教
社会科学	社会科学
自然科学	言語
技術	自然科学
産業	技術
芸術	芸術
言語	文学
文学	歴史

後から2番目の言語が社会科学と自然科学の間に入っている。なぜこのような順序になっているのだろうか。

　デューイよりも少し前に，ハリス（Harris, W. T.）が学校図書館の目録用に分類法を作成したが，その際にベーコンの学問分類を参考にしながらも，科学，芸術，歴史という順序に変更した（「科学」には社会科学と自然科学が含まれ，ベーコンの時代の「哲学」に相当する）。これに，どの学問分野にも属さない「付録」という項目を加え，この4大項目をさらに100に区分している。デューイ十進分類法はハリスの分類法の100項目を10項目に整理したかたちになっている。ハリスの付録の部分がデューイ十進分類法では「総記」という名称で最初の項目に移されただけで，その他は基本的に同じ順序であるから，デューイ十進分類法もベーコン方式の分類法といえる。デューイ十進分類法の哲学から技術までがベーコンの学問分類の「科学」に，芸術と文学が「芸術」に，そして歴史が「歴史」に対応している。

　それまでの図書館では，資料は購入した順などで並べられ，分類順にはなっていなかった。デューイはこの方式が不便なことに気づ

き，分類番号順に資料を並べる方式を取り入れた。資料分類法を，目録のなかで資料を分類するためだけでなく（ハリスの分類法は目録のための分類法であった），資料自体を書架のなかで分類するために使うという考えが普及するようになり，この考えに基づくほかの分類法も作成された。

19世紀の資料分類法

1891年から1893年にかけてカッター（Cutter, C. A.）の「展開分類法（Expansive Classification）」が作成された。カッターは，デューイ十進分類法のように知識を10ずつに区分するのは不自然であるとして，十進ではない分類法とした。デューイ十進分類法が十進という体系の「わかりやすさ」を重視したのに対して，展開分類法では対象の分け方の「適切さ」を重視したといえる。カッターはさらに，関連する知識領域はできるだけ近いところに配置するべきだという方針をとった。すなわち，総記，哲学，宗教，歴史，社会科学，自然科学，技術，芸術，言語，文学，図書学という配列順序としたのである（実際には全部で25の項目があるが，ここではデューイ十進分類法と比較しやすいように，近縁の項目をまとめて示している）。デューイ十進分類法では社会科学と自然科学の間に入れられていた言語を文学の隣に置き，最後に置かれていた歴史を社会科学の隣にもってきている。なお，日本十進分類法は，十進という形式はデューイ十進分類法を参考にしているが，項目の配列順序は展開分類法を参考にしている。

カッターは，「アメリカ議会図書館分類法（Library of Congress Classification）」の作成にも協力し（1899年に大綱が公表された），展開分類法とほぼ同じ分け方をしている。ただし，展開分類法では自然科学や技術の後に置かれていた芸術，言語，文学を，自然科学や技術の前に移動させて，前半の哲学から社会科学までとつなげている。つまり，前半が文系，後半が理系という並べ方にしている。

20世紀の資料分類法

その後20世紀に入ってから作成された資料分類法は,前半が理系,後半が文系という順序のものが多い。1906年に作成されたブラウン(Brown, J. D.)の「主題分類法(Subject Classification)」(件名分類法と訳されることが多い)は,知識を進化の順に並べている。すなわち,物質と力だけの世界を扱う物理的科学が最初にあり,やがて生命が誕生し生物学や医学が登場する。生命が精神をもつようになって哲学や宗教,社会科学が生じ,記録を残すことによって言語学,文学,歴史がつくられたというものである。結果的に,前半が理系,後半が文系となっている。1940年から1953年にかけて作成された(構想が公表されたのは1910年)ブリス(Bliss, H. E.)の「書誌分類法(Bibliographic Classification)」は,最初が哲学・一般科学で,その後,物理学,化学,天文学など理系の項目が続く。後半は教育学,社会科学,歴史などの文系の項目である。1933年に作成されたランガナータン(Ranganathan, S. R.)の「コロン分類法(Colon Classification)」も,前半が理系の項目,後半は文系の項目となっている。

3 知識の構造

前節では資料分類法のなかで知識の配列順序がどのように考えられてきたかをみたが,知識の体系をとらえるためには,もうひとつの要素として構造について考える必要がある。

階層構造

第1節で,日本の図書館では資料が階層的に分けられていると述べたが,これは日本十進分類法が階層構造の分類法だからである。階層構造の分類法では,知識が階層的な構造を成していると考える。たとえば,図14-1のように,第1階層の哲学,経済学,法学が

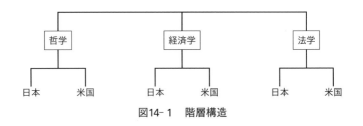

図14-1 階層構造

それぞれ地理で区分されて、日本の哲学、日本の経済学、などの項目が第2階層にできているとする（第2階層の項目名には第1階層の項目名が省略されている）。これは、「日本の哲学」に関する知識領域は「哲学」という知識領域の下位に位置づけられることを示している。なお、実際の資料分類法で図14-1のような樹形図が描かれているわけではない。図14-1は階層構造を可視化したものである。

本章で取り上げた学問分類や資料分類法の日本十進分類法、デューイ十進分類法、展開分類法、アメリカ議会図書館分類法は、基本的に階層構造の分類法である。しかし、階層構造だけでは表現できない知識領域もある。

たとえば、図14-1の第2階層には3つの「日本」という項目があるが、これらはそれぞれ「日本の哲学」、「日本の経済学」、「日本の法学」を意味している。哲学や経済学に限定されない「日本」を意味する項目は存在しない。階層構造の分類法は、学問分野や地理などの区分の観点（区分原理あるいは区分特性とも呼ばれる）を順番に適用して段階的に区分してできる分類法である。図14-1では、先に学問分野で区分しているので、学問分野に限定されない「日本」という項目がつくれないのである。このように、階層構造の分類法には区分の観点の順序を決めるという制約があり、そのために知識領域の表現にも限界が生じる。

多次元構造

そこで、資料分類法では、区分の観点の順序を決めずに、独立に

組み合わせる方法が導入された。図14-2のように，横は学問分野で区分した項目を並べ，縦に地理で区分した項目を並べる。そして，

	哲学	経済学	法学
日本	哲学：日本	経済学：日本	法学：日本
米国	哲学：米国	経済学：米国	法学：米国

図14-2 多次元構造

両方を組み合わせた項目を内側に入れる。こうすれば，「日本の哲学」，「哲学」，「日本」のいずれの項目もつくることができる。区分の観点が3つ以上の場合には3次元以上の表のかたちになる。このような構造を多次元構造と呼ぶ（緑川，2014）。多次元構造は区分の観点の順序を決めるという制約がないので，階層構造よりも柔軟に知識領域を表現できるのである。

多次元構造は，前節で取り上げた資料分類法のうちの主題分類法，書誌分類法，コロン分類法，それにオトレ（Otlet, P.）らによって1905年から1907年にかけて作成された「国際十進分類法（Universal Decimal Classification）」で採用されている。これらの分類法は階層構造と多次元構造を併用しており，分類法によって多次元構造の取り入れ方が異なっている。なお，実際の資料分類法で図14-2のような表が描かれているわけではない。図14-2は多次元構造を可視化したものである。

19世紀の後半に作成されたデューイ十進分類法，カッターの展開分類法，それにアメリカ議会図書館分類法はいずれも階層構造だけを用いた分類法である。それに対して，多かれ少なかれ多次元構造の要素を取り入れている上記の分類法はいずれも20世紀に入ってから作成されたものである。階層構造だけの分類法から多次元構造を取り入れた分類法への移行には2つの要因が考えられる。ひとつは，知識領域の拡大，細分化が進んで階層構造だけでは表現できない多様な主題をもつ資料が登場してきたことである。もうひとつは，資料を順番に並べるという従来の目的に加えて，検索のためにも資料分類法を利用しようという動きが出てきたことである。どち

らの場合も，階層構造よりも柔軟な構造である多次元構造を取り入れた分類法が必要とされたのである。

4 動的分類は可能か

　知識の体系を学問分類や資料分類法を通してとらえようとするさまざまな試みがなされてきた。時代によって人類が獲得した知識が異なり，それに応じて異なる分類法が作成される。その一方で，同じ時代であっても，すなわち同じ知識を対象にしても，人によって異なる分類法が作成される。人によって考え方や分類法の利用目的が異なるからである。分類法が異なれば，知識の体系も異なってみえる。このように，分類法によって知識の体系をとらえる行為は，知識の側からの分類法への影響と分類法からの知識の側への影響の相互作用のなかで行われる。

　分類法によって知識の体系をとらえることは，利点もあるが欠点もある。公共図書館や総合大学の図書館のように不特定多数の人が利用する場では，特定の分類法を使って知識体系を共有するほうが，資料の検索などで便利なことが多い。しかし，特定の分類法を使うということは，知識体系を固定してとらえるということである。複数の視点から知識体系をとらえるほうが，有益な情報が得られることもあるだろう。そのためには，視点や目的によって自由に変えられる動的な分類が必要である。

　動的な分類は可能なのだろうか。その解答例のひとつがヴァールブルク文化科学図書館にみられるように思われる。この図書館は19世紀末から20世紀初頭に活躍したドイツの美術史家ヴァールブルク（Warburg, A.）が設立した私設図書館で，ヴァールブルクの死後ロンドンに移転し，現在はロンドン大学附属のウォーバーグ研究所となっている。哲学者のカッシーラー（Cassirer, E.）や美術史家のパノフスキー（Panofsky, E.）などに多大な影響を与えた（松枝編，

1998)。後に館長となるザクスル（Saxl, F.）が次のように回想している。「文庫はヴァールブルクの研究方法の変化につれ，彼の興味が移り変わるにつれてその様相を変えていった。蔵書は小規模のものであったが力強く生きており，ヴァールブルクは……そのかたちを整えることを決して止めることがなかったのである」（松枝編，1998, p. 42）。これはヴァールブルクの視点や目的が変わるたびに分類が変更されたという意味で，まさに動的分類である。公共図書館や総合大学の図書館では無理であろうが，小規模な専門図書館やインターネット上の知識資源では動的分類も可能かもしれない。

引用・参考文献

ヴィンデルバント，W.『歴史と自然科学・道徳の原理に就て・聖：『プレルーディエン』より』篠田英雄訳，岩波書店，1929.

潮木守一『近代大学の形成と変容：十九世紀ドイツ大学の社会的構造』東京大学出版会，1973.

グラント，E.『中世における科学の基礎づけ：その宗教的，制度的，知的背景』小林剛訳，知泉書館，2007.

ディドロ，D.／ダランベール，J. R. 編『百科全書：序論および代表項目』桑原武夫訳編，岩波書店，1971.

ベーコン，F.『学問の進歩』服部英次郎・多田英次訳，岩波書店，1974.

松枝到編『ヴァールブルク学派：文化科学の革新』平凡社，1998.

緑川信之『本を分類する』勁草書房，1996.

緑川信之「構造−表示方法説から見たランガナータンとヴィッカリーのファセット概念」『Library and Information Science』No. 71, 2014, pp. 1-26.

山脇直司「学問分類」『哲学・思想事典』岩波書店，1998.

リッケルト，H.『文化科学と自然科学』佐竹哲雄・豊川昇訳，岩波書店，1939.

LaMontagne, L. E. American Library Classification : with Special Reference to the Library of Congress. Shoe String Press, 1961.

第15章

知識を探す仕組み：書誌情報

田窪　直規

　この章の属する第4部のタイトルが「図書館の向こうに広がる知識の宇宙」なので，この章のタイトルを「知識を探す仕組み」とした。ただし，この知識の宇宙は，具体的には図書館に所蔵される資料によって形成されるので，本章では「資料を探す仕組み」（つまり書誌情報）について述べることにする。

1　書誌情報とはなにか：商品カタログと目録を通じて

　図書館の「目録」は英語で catalog という。だから，これは「カタログ」とも呼ばれる。カタログといって読者が思い出すのは商品カタログのたぐいであろう。実は，図書館の目録（カタログ）はこれとまったく同じものといえる。

　商品カタログは自身の求める商品をその中から探し出すためのものである。これを使用するとき，通常，現品は手元にないので，これには現品を見なくてもその商品のことがわかる情報が必要となる。また，さまざまな角度から求める商品の情報（つまり「その商品のことがわかる情報」）を探し出すための情報も必要となる。

　図書館の目録もまったく同じである。図書館の目録は自身の求める資料をその中から探し出すためのものである。これにも，資料を見なくてもその資料のことがわかる情報と，さまざまな角度から求める資料の情報を探し出すための情報が必要となる。

　図書館情報学の世界では，前者の情報（を記述したもの）を「書誌

記述」（もしくは単に「記述」）といい，後者の情報を「アクセス・ポイント」という。そして，この両者をまとめて「書誌情報」（もしくは「書誌データ」）という。

2 書誌記述とアクセス・ポイント

ここでは，書誌情報の2つの構成要素である，書誌記述とアクセス・ポイントについて述べる。

書誌記述

上述のように，書誌記述は資料のことがわかる情報（を記述したもの）である。だが，資料のことがわかる情報とはどういう情報であろうか。図書館情報学では，通常，資料を「同定識別」できる情報だとされる。

「同定」とは，『新明解国語辞典』（第6版，2011）によると，「そのものであるとの確認」の意味である。したがって，その資料がまさに求めている資料そのものであると確認できることが同定といえる。一方，「識別」とは，同辞典によると，「〔相似点・共通点の有る2つ以上のものについて〕動かしがたい特徴に着目して……見分けること」の意味である。書誌記述の文脈では，相似点・共通点のあるよく似た資料どうしを区別できる（見分ける）ことの意味で用いられる。

そうすると，同定識別できる情報とは，まさにその資料であると確認でき，他のよく似た資料と区別できる情報ということになる。まさにその資料であると確認できることは，他のよく似た資料と区別できることであり，他のよく似た資料と区別できることは，まさにその資料であると確認できることなので，結局，同定と識別は同様な意味の裏表といえる。

書誌記述は資料を同定識別できる情報と述べたが，図書館情報学

の世界では，このような情報のために「国際標準書誌記述（International Standard Bibliographic Description: ISBD）」が定められており，この国際標準に基づいて，各国で同様な書誌記述が作成されている。

ISBDでは記述項目を「エレメント」と呼んでいる（なお，関連する項目のまとまりを「エリア」と呼んでいる）。本章では，これの項目を詳しく紹介する余裕はないが，例示すれば，資料の著者や書名（タイトル），出版者（社）や出版年，サイズなどに関する項目がある。

一般的な商品の場合，その商品を理解するためには，その写真が重要となる。だから，商品カタログでは，通常，商品の写真が掲載される。だが，図書館で扱う資料の場合，写真という外形がわかる情報より，そこに記されている内容がわかる情報が重要となる。しかし，ISBDにはこれを記述するための項目が設定されていない。これは，ISBDの制定が本格化した1970年代の状況では，このような情報までをも記述するための項目を設定するのは，現実的ではなかったことによるのであろう。

ようやく近年，ISBDの項目によって記述される情報に加えて，内容がわかる情報，たとえば資料の要旨や目次などをも確認できる目録が増えてきた。なお，前段で「写真という外形がわかる情報より，そこに記されている内容がわかる情報が重要」と記したが，資料の写真を確認できる目録も多くなってきた。

アクセス・ポイント

アクセス・ポイントは資料のことがわかる情報（つまり書誌記述）を探し出すための情報である。そのような情報として，図書館情報学の世界では，伝統的に，著者名，書名（タイトル），主題が特に重視されてきた。主題の場合，一般に，アクセス・ポイントとして件名（主題を表すことば）と分類（具体的には分類記号）の両者が使用されてきた。なお，「探し出す」ことを「検索」というので，以下で

はこの用語を使用する。また，以下でアクセス・ポイントという場合，原則として，特に重視されてきた著者名，書名，主題（件名，分類）を指すものとする。

アクセス・ポイントは，検索機能を十分に発揮できるよう，通常，統制される。アクセス・ポイントはことば（著者名，書名，件名の場合）や記号（分類の場合）のかたちを取るが，統制というのは，いちおう，ことばや記号の使用法についての約束事を定めることといえよう。

たとえば，夏目漱石は，資料によっては本名の夏目金之助が著者として記載されることもある（さらに翻訳ものの場合，Soseki Natsumeなどと記載される）。そこで，これらの名称のうち，どの名称をアクセス・ポイントとして使用するのかという約束事を定める。この場合，通常，一番有名な夏目漱石を使用するという約束事が定められるだろう。このような約束事を定めるのが「統制」であり，統制されたことばや記号は「統制語」と呼ばれる。

統制により検索機能が十分に発揮される旨を述べた。なぜだろう。書誌記述に触れながら，その理由を以下に記す。このことにより，書誌記述とアクセス・ポイントの役割の差も明確になるからである。

書誌記述では，著者名は資料に記載されたとおりに記述される。というのは，これは同定識別が目的なので，他の同様な資料と区別できるよう，資料に記載されている名称がそのまま採用されるのである（同様なタイトルの本でも，著者名を夏目漱石とするものと，夏目金之助とするものがあれば，著者名の差異でこの両者を識別できる）。

一方，アクセス・ポイントには，資料に夏目金之助と記載されていようと，統制により夏目漱石が採用される。このことによって，資料にどのような名称が使用されていても，同一人物の資料の一括検索が可能となるからである。これに対して，資料に記載されているとおりの名称をアクセス・ポイントに採用したら，夏目漱石で検索しても，夏目金之助の名前が記載されている資料は検索されなく

なる。

　ただし，上述のような統制は主に昔のカード目録を意識したものである。コンピュータ環境では，検索に使う名称を定めなくても，異名称の人物が同一人物であるという情報を与えさえすれば（異名称の人物を同一人物として処理するという約束事を定めさえすれば），同一人物の資料の一括検索が可能になる。

　なお，著者名の場合，ここであげた例のほかにも，同姓同名の別人に対する統制なども必要になる。

　特殊な場合を除いて書名を統制する必要はないが，主題に関するアクセス・ポイントである件名や分類は統制される。件名では同義語などが統制される。たとえば，「図書」「書籍」「本」は同義語と考えられるが，これらのうち，アクセス・ポイントにどの語を使用するかが定められる。分類の場合は，これらには同一の分類記号を与えるということで統制される。ここでは同義語を例にあげたが，これのほかにも多義語（英語の bank のように，複数の意味がある語（これには「銀行」と「土手」の意味がある））なども統制される。

3　書誌コントロール

　もし，書誌記述が一定のパターンで作成されず，記述ごとに項目が異なれば，同定識別というこれの機能を十分に果たせなくなる。もし，アクセス・ポイントが一定のパターンで付与されず，その付与方法がアクセス・ポイントごとに異なれば，書誌記述を検索するというこれの機能を十分に果たせなくなる。したがって，この両者からなる書誌情報も十分に機能しなくなる。換言すれば，書誌情報にパターン性がなくなり，カオス（混沌）状態に陥れば，書誌情報は十分に機能しなくなるということである。

　そこで，書誌情報がパターン性を保ちカオス状態にならないようにコントロールする必要が生じる。このためのコントロールを「書

誌コントロール」(もしくは「書誌調整」)と呼ぶ。

　前節でISBDや統制語に触れた。前者は、書誌記述が同定識別機能を果たせるよう、これに必要と思われる記述項目を定め、これが一定のパターンで作成されるようにするものである。後者は、アクセス・ポイントが検索機能を果たせるよう、これの付与に関する約束事を定め、これが一定のパターンで付与されるようにするものである。つまり、この両者は書誌コントロールを実現するための仕組みといえる。

　目録のほかにも、書誌情報が用いられ、書誌コントロールがなされるものとして、「書誌」や「索引」がある。

　目録は図書館などが所蔵している資料を検索するためのものであるが、書誌は所蔵に関係なく資料をリスト・アップし、検索するためのものである。主題分野や資料種別などに基づき、いろいろな書誌が作成されている(なお、一国のすべての資料(というか出版物)をリスト・アップする「全国書誌」というものもある)。

　一方、索引という語は多義的であるが、ここでいう索引は、資料の中身に踏み込んで検索できるものを指す。たとえば、「雑誌記事索引」というものがある。これは、1冊の雑誌のなかに含まれる個々の記事レベルに踏み込んで検索できるものである。

4　ウェブの世界の書誌情報と書誌コントロール

メタデータ：ウェブの世界の書誌情報

　ウェブ・サイトやページを探すために、いわゆるサーチ・エンジンが使用されている。非常に便利であるが、期待するような結果が出ないことも多い。これに対して、図書館のコンピュータ目録(Online Public Access Catalog: OPAC)は、一般に、サーチ・エンジンよりも確実に求める資料を検索してくれるようにみえる。これは、コントロールされた書誌情報に基づく検索が功を奏しているからで

ある。

　1990年代中頃から，ウェブの世界でも書誌情報的なものを作成し，書誌コントロール的な活動を行おうという動きが出てきた。書誌情報は書誌データとも呼ばれるが，ウェブの世界の書誌情報的なものは「メタデータ」と呼ばれる。

　メタデータは，定義的には「データについての（構造化された）データ」とされる。ウェブの世界はパソコンやスマホなどの画面に映し出されるデータの世界とみなすことが可能なので，ウェブについてのデータはメタデータ（データについてのデータ）というわけである。

　ただし，実際には定義から離れて，データについてのデータのみならず，なんらかのものについてのデータはすべてメタデータとされることが多い。その立場からは，図書館の資料についてのデータである書誌情報（書誌データ）もメタデータ（の一種）ということになる。

　既述のように，ISBDでは個々の記述項目をエレメントと呼ぶが，メタデータも同じである。ある対象のために設定されたメタデータは，その対象を記述するのに必要なエレメントがそろったもの，つまりセットになったものといえる。したがって，このようなメタデータは，正確には「メタデータ・エレメント・セット」と呼ばれるべきものといえる。しかし，このように書くと長くなるので，本章では，原則としてメタデータと略記する。また，エレメントということばからわれわれは記述項目をイメージしづらいので，以下でも今までと同様，原則としてエレメントではなく記述項目や項目ということばを使用する。

　書誌情報の世界は，基本的に，書誌記述とアクセス・ポイントを区別するが，メタデータの世界はそうではない。多くの場合，書誌記述的な項目，アクセス・ポイント的な項目，両機能を意識した項目が，混然と併置される。

ダブリン・コア・メタデータ・エレメント・セット

ISBD は書誌記述の国際標準であった。メタデータの世界にも国際標準があり,「ダブリン・コア・メタデータ・エレメント・セット (Dublin Core Metadata Element Set: DCMES)」と呼ばれている。これは,「ダブリン(地名)というところで制定されたコア(核)となるメタデータのエレメント(記述項目)のセット(ひとそろい)」というほどの意味である。長いので, よくダブリン・コアや DC と略される(本章では DC と略す)。

DC の記述項目について詳しく記す余裕はないが, これは 15 項目からなる。たとえば, 対象とする資料(ウェブ・サイトの全体やページ)のタイトル, 創作者(creator), 主題, 記述(内容に関する説明や要約, 目次など), 日付(更新日, 創作日など), フォーマット(PDF や HTML など), 識別子(URL など), 権利(著作権など)がある。ISBD には資料内容のための項目がないことを指摘したが, DC には上記のように,「記述」という項目が設定されている。

メタデータの問題点

書誌情報の場合, 一般に書誌コントロールが機能している。すなわち, 書誌記述は ISBD という標準に基づき, 一定のパターンで作成され, アクセス・ポイントも統制により, 一定のパターンで付与される。

一方, メタデータの場合は, 図書館などのように着実にコントロールする組織がない。また, ウェブには非常にさまざまなコミュニティ(やソサエティ)が参加しているので, ひとつのメタデータで統一しきれない。そのこともあり, DC は必要な項目のみの採用や, 不足する項目の付加を認めている。また, DC 以外にもさまざまなメタデータの標準(以下,「メタデータ標準」)が存在している。たとえば, 人物情報を扱う場合には, FOAF というメタデータ標準があり, 図書館の隣接領域である出版の世界には, ONIX とい

うメタデータ標準がある。

そうすると,あるコミュニティのなかでは,同一のメタデータ標準が採用されうるし,コントロールも働きうるので,検索の確度があがる。しかし,コミュニティを超えた世界,もしくはウェブの世界全体では,統一的なメタデータが存在しない(実際問題として,これを設定できない)し,コントロールも働かない。もちろん DC はあるのだが,これは柔軟に使用されるものであり,メタデータを統一(もしくは統合)する強固な枠組みとして機能するものではない。

したがって,同一コミュニティという局所的なウェブのメタデータには,書誌情報と同様にパターン性がみられようが,ウェブ全体としては,メタデータはカオス状態にあるといえる。

メタデータ・レジストリとセマンティック・ウェブ

前項で,ウェブ全体としてはメタデータがカオス状態にある旨を述べ,その原因を,コミュニティを超えた統一的なメタデータの設定とコントロールの不可能性に求めた。この原因を別の角度からみると,次の2つに分けることができよう。ひとつは,本来同じ項目を使用できるものにも,コミュニティが異なれば,別の項目が設定されることである。もうひとつは,異なるコミュニティの項目間の意味的関連性がわからないことである。

前者に対しては,できるだけ既存の代表的なメタデータ標準などの項目を利用することが考えられる。それによって,コミュニティを超えて共通するメタデータ項目が増えてくる。したがって,メタデータの世界のカオスも減少する。もちろん,国際標準である DC の項目はできるだけ利用する。それで足りなければ,他の標準の項目や,標準とまではいえないまでもある程度流通している既存のメタデータの項目を利用する。

後者に対しては,項目間の意味的関連性を調べて,項目を互いに関連づけることが考えられる。そうすると,メタデータの世界が意

味的に構造化され，カオスが減少する。

　これらのことをも意識して，「メタデータ・レジストリ」が構築されている。これはウェブなどで使用されているさまざまなメタデータを登録するウェブ・サイトである。このようなサイトを参照することで，上述の DC や他の標準，そしてある程度流通している既存のメタデータの項目を確認でき，これらの項目の利用が促進される。また，登録されている項目間の意味的関連性もわかり，これに基づいて項目どうしを関連づけることができる。

　項目間の意味的関連性を明示的に構造化したものなどを「オントロジー」という。メタデータ・レジストリを参照すれば，意味的関連づけを媒介するオントロジーも構築できる。

　意味的関連性は「セマンティック・リンク」と呼ばれており，これでつながるウェブの世界は「セマンティック・ウェブ」と呼ばれている。いま，メタデータなどが盛んに RDF（Resource Description Framework）というコンピュータで自動処理できる形式で意味的に関連づけられ，ウェブ上に公開されつつある。このようなデータを「リンクト・オープン・データ（Linked Open Data: LOD）」というが，現時点では，セマンティック・ウェブは主に LOD というかたちで広がりつつある。

　LOD が広く普及すれば，メタデータは意味的に関連づけられるので，ウェブの世界のメタデータのカオスが軽減されるものと考えられる（項目の共用が進めば，なおさらカオスが軽減されよう）。なお，セマンティック・ウェブや LOD について詳しくは，第 19 章を参照されたい。また，この分野に興味をもった読者は，第 19 章の内容をも含む関連書（田窪, 2016 ; 谷口・緑川, 2016）があるので，これを参照されたい。

5 書誌情報・書誌コントロールの未来とセマンティック・ウェブ

　現在,書誌情報が大量に LOD 化されつつある。すなわち,RDF 形式で意味的に関連づけられてウェブ上に公開されつつある。この流れは加速しており,書誌情報を LOD 化するのは当たり前になる日も,そう遠くないのかもしれない。

　上述のように,メタデータなども盛んに LOD 化されており,LOD 化された書誌情報はこれらとも意味的に関連づけられつつある。したがって,現在,ウェブ上に意味的に関連づけられた膨大なデータの世界が現れつつあるといえる。

　書誌情報がカオス状態にならないようにコントロールするのが書誌コントロールである旨を述べた。一方,セマンティック・ウェブの動きは,メタデータのカオスを減じる動きといえる。その意味では,この動きは,ウェブの世界の書誌コントロールの動きと考えることもできる。現時点では,セマンティック・ウェブは主に LOD によって実現されつつあるので,書誌情報の LOD 化は書誌コントロール活動の一種と考えることもできる。

　従来的な図書館情報学の世界の書誌コントロール手法,すなわち一定のパターンでの書誌記述の作成と統制語の利用が,上述のセマンティック・ウェブ的な(もしくは LOD 的な)書誌コントロール手法とどう交わっていくのか,興味深い時代に入ったのかもしれない。

　なお,従来のコンピュータ目録(OPAC)の機能にプラスして,第 3 節末で紹介した索引的な機能をも有し,メタデータをも利用してウェブ上の資料まで横断的に検索できるディスカバリ・サービスというものが出現している。書誌情報やメタデータという意味からこれは興味深いものである。なお,これについては第 20 章にゆずる。

引用・参考文献

田窪直規編『情報資源組織論』改訂版,樹村房,2016.
谷口祥一・緑川信之『知識資源のメタデータ』第2版,勁草書房,2016.

第16章

社会と文化の記憶

白井哲哉・水嶋英治

1 「記録」されたものの本質

　インターネットでは時間も空間も飛び超えて自分の行きたい知的空間に行けるし，知りたい情報も入手できるようにみえる。インターネットでは，「過去」にも「未来」にも行けるのだろうか。

　答えは，否である。インターネットで行けるのは「現在」または「過去」だけである。というのは，未来には「記録」されているものはなく，どういうところなのか何の情報もないからである。現在・過去には記録されたものが存在し，それゆえ過去はどうだったのか知ることができる。逆に言えば，「記録」されたものがなければ過去（または過去という知識）に到達することはできないのである。

　極論を言えば，書かれている文字によって歴史は生じる。文字を使って記録を残す行為は，今日では紙の上にも，パソコン上に書く場合もある。主として，モノを取り扱っているのは，文書館（アーカイブズとも呼ばれる）や博物館であることが多い。古くて価値のあるものを保存し，未来に継承していく機関が文書館や博物館である。博物館と文書館は図書館の類縁機関である。図書資料も当然扱うし，モノも扱う。この章では「記録」されたものの本質とはいったい何なのか考えていきたい。前半では文書とアーカイブズ学の知見を紹介し，後半では博物館の資料を中心に博物館情報学の知見を紹介する。

2　記憶と記録を伝えるアーカイブズ

「記憶」ということばは，近代以降の日本で「物事を忘れず，心に留めること」と理解されてきた。また，英語のメモリー（memory）の訳語として「自分自身の過去を定位し，場所づけすること」の意味が付されている（『言海』『広辞苑』）。memory としての記憶は，失われた時間のなかに格納されている，自分が存在する証や心の拠りどころと言うべきものである。

記憶は頭のなかで永遠に固定されるものではなく，忘却や新たな記憶の付加によって，少しずつ変化を余儀なくされる。そのため人々は，絶対に忘れてはならないと考えた物事を固定される「かたち」で保存しようとした。こうして「かたち」で残され，現在に伝えられた記憶を，ここでは「記録」と呼ぶ。

人類が文字を発明して以降，人々はまず石や金属に重要な記録を書き留めた。つづいて粘土板，パピルス，甲骨，動物の皮などを記録の素材に用いた。やがて耐久性や加工性などに優れた素材である紙が主に選ばれるようになった。20世紀末まで紙は記録媒体の中心だったといえる。現在のデジタル媒体が，他の記録媒体のように数千年の命を保つか否かは今後の課題である。

多くの場合，記録は1点のみで存在するわけではない。書籍が多くの紙を綴じて作られるように，粘土板でも紙でも，ひとつの記録を記した文書（記録文書）は他の関連文書とともに保管され，それ自体で集合体を成すのが通例である。このような後世へ保存すべき「記録文書群」をアーカイブズ（archives）と呼ぶ。記録文書群を保管する施設＝文書館・公文書館もアーカイブズと呼ばれる。

ここで20世紀の日本を想い返すと，それはまことに激動の時代だった。関東大震災や阪神・淡路大震災などの自然災害。15年に及ぶアジア・太平洋戦争と敗北，そして復興。高度経済成長期やバブル経済期に浸透した生活の「豊かさ」，その陰で進行した地域社

会の衰退。これらの変化は、過去の記憶や記録が社会の中から徐々に消えていく過程でもあった。その一方で、20世紀末から普及したデジタル記録媒体は、文字、音声、画像、映像の別を問わず全記録を同等に扱うことを可能にした。なお「デジタルアーカイブ」とは、多様な媒体の記録を活用するためのデジタル変換を意味する和製英語である。

2011年の東日本大震災で、私たちは町が地震や津波で失われていく様子を目の当たりにした。どれだけ多くの記録が被災地で失われたことだろう。また福島第一原子力発電所事故で自分の家や町を離れた何万人もの人々は、今なお帰ることを許されない。しかしこの未曾有の大災害によって、人々は過去の記録の重要性に気づかされた。数百年に一度の災害を知るには過去の記録に学ぶしか方法がない。また、過去の記録に今日の記憶をつなぎながら、先のみえない将来と向きあう人々がいる。

私たちは、過去の記録が急速に意義を高めつつある現在を生きている。そして社会の記憶と記録を担保するアーカイブズが、21世紀の日本で改めて脚光を浴びつつある。

3　古文書の世界とアーカイブズの発展

アーカイブズ学は、重要古記録の保存を考える学問として18世紀ヨーロッパで始まり、20世紀にはアメリカで公文書管理の研究分野として発達した。近代ヨーロッパでは政治権力によって公文書館が作られ、国家の記憶装置として機能する一方で国民へ記録文書を閲覧提供してきた。公文書のほかにも、企業、学校、教会などの記録文書がそれぞれの組織で大事に保管されている。

しかし、日本の近代国家は明治初期に図書館や博物館を導入したのと同じようにはアーカイブズを取り入れなかった。19世紀末の行政改革において、政府は中央官庁および村や町のコミュニティが

保有する記録文書の保存政策を中止している。これ以後1980年代までの約90年間，日本で記録文書保存の政策立案は行われなかった。この間，特に村や町のコミュニティの記録文書群を保有していたのは，コミュニティのリーダー（名主・庄屋などと呼ばれた）であり，彼らの自宅で保管された。こうした文書群は一般に古文書と呼ばれている。

20世紀初頭に政府が郷土の研究を奨励した頃，ようやく設立されはじめた一部の図書館で古文書を郷土資料として収集する動きが見られた。当時の人々にとって，19世紀末までの古文書は近い過去の公文書であるとともに，過去の郷土の姿を詳しく記した記録文書だった。それらは学校で郷土教育の教材としても活用された。当時のある図書館人は，日本では図書館が積極的に古文書を収集すべきであると発言している。

1945年のアジア・太平洋戦争敗北は，明治維新以来の日本の政治・社会体制を大きく揺るがした。戦災被害とは別に，このとき多くの公文書や古文書が意図的に廃棄された。また一方，それらを後世へ保存しようとする運動も展開された。ここで図書館は古文書の収集・保存とその後の利用に大きく寄与した。そしてこの時期に始まった古文書など歴史資料の保存運動は，後に公文書館の設立運動へと展開し，1987年に公文書館法を制定させるに至った。日本のアーカイブズ学研究は，この運動の過程で1980年代にヨーロッパのアーカイブズ理論を導入して本格化した。

日本は，中央より地方，国家より国民が記録文書の保存や公文書館の設立を主導してきた点，1980年代にアーカイブズ学研究が本格化した点で，他の国と大きく異なる特徴をもっているといえる。

4　記録文書を保存する／提供する方法

今なお日本では公文書館を設置する自治体がきわめて少ない。古

文書をはじめとする日本の記録文書は，現在も図書館の地域資料として取り扱われることが少なくない。そこで次に，図書館員が知っておくと役に立つ記録文書の特徴や取り扱いの課題を述べていこう。

日本の記録文書は 19 世紀末頃まで和紙で作られていた。20 世紀前半になるとわら半紙が多くみられ，白い西洋紙が一般化するのは 1950 年代以降である。保存の上は 20 世紀前半の文書に特段の注意が必要である。近年よく知られるようになった酸性紙問題は，印刷の際にインクを定着させるため洋紙へ酸性の薬品を加えた結果，紙が劣化してボロボロになり，図書自体が崩壊に至る現象を指す。日本ではこの時期のものがもっとも注意する必要がある。近年は，酸性紙問題に対応した保存用の中性紙製保存容器（封筒，箱）が広く普及した。これらの容器に酸性劣化した文書などを入れると，文書の酸性物質が容器へ移動して劣化の速度を遅らせることがわかっている。

記録文書は 1950 年代まで一般に縦書きで書かれていた。1860 年代の江戸時代末までは和紙を糊で貼り継いで用紙を作成し，用紙の下に罫線を引いた紙を置いて，まっすぐきれいに文章を書いていた。1869 年に罫線を引いた公文書の専用紙（罫紙）が登場して，複数の罫紙を紙縒で綴る形態が一般化した。どんなに古い内容が書かれていても，罫紙で書かれた文書そのものは基本的に明治以降の成立であると言える。

印刷された記録文書について，国や府県では 1870 年代以降に活字印刷物が登場する。その後 19 世紀末頃に町村役場で，手書きと併行して孔版（ガリ版）印刷物が登場する。この間に「こんにゃく版」と呼ばれる，青色の手書き文字が書かれた簡易印刷の文書も現れて 20 世紀初頭までみられた。「こんにゃく版」は太陽光により退色するので保存上の注意が必要である。なお詳細な研究例はないが，おそらく 1960 年代まではガリ版の手書き文書が多かったと思われる。

これらの記録文書は，それを収受した組織や個人にとって唯一の存在であり，その文書が失われれば組織や個人にとっての記録がひとつ消滅すると考えるべきである。大量の印刷物であっても，その同じ文書が別の場所に存在する確証がなければ同じことである。この点で，記録文書は図書と大きく性格を異にする。

　資料の分類や目録に対する考え方も，図書館情報学とアーカイブズ学の間で大きく異なる点がある。図書館情報学では分類を「資料の全知識体系への位置づけ」（永田，2003）と考え，多くは十進分類法に基づいて資料を配架する（第14章参照）。これに対し，アーカイブズ学では，記録文書を作成した主体あるいはそれを保存した組織の存在を重視し，その世界のなかで各文書の機能に基づいて分類し，文書を残した組織の構造と各文書の機能を理解することをめざす。したがって目録の作成や資料の配架は文書群ごとに行うのが原則である。また記録文書の目録は「何があるか」だけでなく「何がないか」も示す必要があり，個別文書の抽出にとどまらない文書群の総覧を可能とする機能・形式が不可欠である。

　1995年の阪神・淡路大震災，2011年の東日本大震災などを経て，過去の記録に対する人々の新たな需要や期待が寄せられつつある。紙媒体で作られた現物の記録文書は，情報の正しさ（真正性）を担保するうえで重要であり，その保存に十分配慮すべきである。そのうえで，それらのより広範な利用のために記録文書のデジタル画像の撮影と公開が，もっと取り組まれることを望みたい。

5　標本と芸術作品

　さて次に，博物館が取り扱っている標本資料や芸術作品について考えてみよう。以下ではこれらのうち標本と作品を取り上げ，その違いについて考察を加えたい。自然界に存在する動物や植物，鉱物や化石標本は「自然界の記録」であるとみなすこともできるし，芸

術作品は社会や文化的な記録であるとみなされることもある。

　博物館や美術館にはたくさんモノが展示されているが，こうしたモノを歴史博物館では「資料」と呼び，自然史博物館では「標本」，美術館では「作品」と呼んでいる。

　たとえば，岩石と鉱物を「記録」という観点から考えてみたい。どこにでも転がっている岩石は興味と関心がなければ「単なる石ころ」であるが，自然界の記録を手がかりに，岩石に刻まれた歴史を解明しようと学術研究の対象として岩石を見れば，それは「立派な研究材料」である。この場合の岩石のように，あるがままの状態を保ちながらも博物館の資料となる資格をもつモノを特に「試料」と呼んでいる。この「試料」が人為的に処理されること（たとえばプレパラートを作るような加工）によって「資料」となり，資料から得られた「情報」に科学的な有用性があれば，その資料は「標本」と呼ばれる（加藤，1978）。

　博物館が所蔵する自然界の資料（標本）を大別すると，動物標本，植物標本，岩石鉱物標本（地学・古生物・化石）などに分類される。博物館の標本は，将来もしかすると新しい発見がされるかもしれない試料（研究素材）であり，研究結果や研究成果を保証する物的証拠である。標本に関する情報が文字（文章）として記録され，画像情報が付加されることによって検索可能になれば，広く学術研究の素材として利用できるだろう。インターネット上に公開された情報は世界の研究者にとっても大いに役立つことになる。

　これらの標本と作品にはあくまで「記録」や「情報」が必要不可欠であって，人類共有の知的財産であるこれらの貴重な資料を永久的にしかも安全に，物理的管理と情報管理をしていくことが，博物館に課せられたもっとも重要な仕事なのである。

6 文化財としての記録資料

ユネスコが行っている事業のひとつ「世界の記憶（Memory of the World）」の対象は記録資料である。ユネスコといえば「世界遺産」や「無形文化遺産」の保護で有名であるが，近年では，「世界の記憶」が注目されている。

人類が長い間記憶して後世に伝える価値があるとされる書物，あるいは歴史的文書などの記録物を「記録遺産」として登録することによって，人類文化を受け継ぐ重要な文化遺産として認定する事業である。

「世界の記憶」は世界史に重大な影響をもつ事件・時代・場所・人物・主題・形態に関するもののうち，社会的価値をもった記録遺産を対象としている。まさに，記録資料は社会を映し出す鏡であり，過去の歴史を現代に伝える記憶装置である。記憶を文字資料に残すことによって，言語によって違いがみられても，文字による記録情報は私たちに「どのようなモノか」の判断材料を提供してくれる。

一方，文字資料に対して，「非文字」の資料がある。非文字資料とは，文字によって記録されることがなかった人間のさまざまな「いとなみ」に関する資料である。民俗資料，民具，工具，農具，楽器類，機械類（産業遺産），文化的景観など，文字資料以外の資料のほとんどは非文字資料である。たとえば，非文字資料データベース（神奈川大学の「人類文化研究のための非文字資料の体系化」http://www.himoji.jp/jp/database/）では，図像文献書誌情報データベース（DB），図像研究文献目録 DB，「名所江戸百景」と江戸地震 DB，海外神社（跡地）調査 DB，関東大震災・地図と写真 DB などが公開されている。博物館資料はこれらの資料を扱うことが多い。上にみてきた標本のように文字情報が付加されている資料は少なく，「非文字資料」のほうが圧倒的に多い。専門的知識をもつ学芸員や研究者は学術的・文化的に重要な非文字資料を特定しなければなら

ないのである。

　文字資料にしろ，非文字資料にしろ，「それが何か」を文字資料として記録しなければならない点が図書資料との大きな違いである。図書資料も文字資料の一種であり，目録作成するときには「それがなんであるか」を文字資料として記録する。ただし，古典籍などの場合を除いて，目録法の研修・訓練は必要であっても学術的な知識は必要とされない。資料に名前がなければ名前をつけなければならない。これを「命名」あるいは「名辞化」という。

7　知識と命名法

　資料や作品に付与された情報や記録は，私たちが考えている以上に大きな存在である。たとえば，絵画作品を鑑賞するとき，(1)作品だけを見ている場合と，(2)その作品のラベルに記された「作品名」を読んで鑑賞する場合とでは，鑑賞者の理解度は大きく異なる。少なくとも，ラベルに表示された作品名を「知る前」と「知った後」では理解が違ったような気になってしまう。

　「百聞は一見にしかず」といわれているように，百回聞いてもイメージがわかないものを，一回見ただけでわかってしまうことは，ふだん私たちが経験していることである。視覚情報にはものすごい力が隠されていることがこの例によってよくわかるが，しかし反対に，百回見ても，その対象となるモノの名前を知らなければ，何と呼んでよいかわからないし，また理解することもできない。つまり「百聞は一見にしかず」ではなく，「百見は一聞にしかず」も成立するのである。

　単純な言い方をすれば，ラベルに記された情報の一片は「データ」にすぎないかもしれない。しかし，多くの場合，作品の制作過程や自分の主張したい内容，世に送り出したいメッセージを総合してひとつの名前をつけているのである。親が生まれてきた子どもに

名前をつけるのと同じように，芸術家は自分の作品に名前をつけ，科学者は新種の発見に名前をつける。こうした命名行為によって，科学は進展し，芸術作品は世に広められるのである。

　動物学や植物学では，名前の与え方に一定のルールがあり，このルールを国際的に定めている。動物界では動物の学名を決めるのに国際動物命名規約があり，これは唯一の国際ルールである。植物界では国際藻類・菌類・植物命名規約がある。人文系の資料については国際的な命名基準は少なく，また国によって異なっている。インターネット時代になり，こうした命名問題はますます重要性を増してきた。資料名，作品名，タイトルなどは，文字データにしかすぎないが，これらは検索語として利用され，世界中のインターネットユーザーに利用されているのである。

　博物館情報学の知見からみれば，資料の記録すなわち資料情報が付随していなければ資料価値はないと言い切ることができる。資料の経済的な価値（市場価格）と記録価値を同一平面上で一概に比べることはできないが，少なくとも博物館が資料を収集し，保存・展示するためには，資料の評価額だけではなく，資料情報を記した記録（知識情報資源）の存在が必要である。その意味でも，資料価値イコール記録価値といえるのである。

　歴史とは，時間の変遷であり，文字で書かれた社会の時間変化である。世代を超えた時間的経過の記録である。社会と文化の記憶を後世に伝えるのは，モノであり，文字であり，記録である。歴史の「史」は「ふみ」と読むこともでき，これは記録を受け持つ官，歴史を書く人を意味することばである。現代を生きる私たちには，記録を残し1世紀先の人たちに役立つ歴史を残しているという認識はないかもしれない。しかし，文書館・博物館に残された資料によって，歴史が解明され，新たな歴史が書かれていくのである。

　博物館で働く学芸員や文書館で働くアーキビストの個人的な好み

や好き・嫌いでモノの価値を定めることはできず，社会的な文化保存機関である博物館・文書館は組織的に価値を認定しなければならない。博物館資料の歴史的価値を定める場合も，厳密に言えば記録情報が必要であり，歴史的価値を決めるのは記録価値そのものであることを忘れてはならない。

引用・参考文献

加藤昭「博物館資料の保存・分類目録（岩石・鉱物）」博物館学［１］ 国立社会教育研修所，1978，p. 47.

永田治樹「アーカイブズと図書館情報学」国文学研究資料館史料館編『アーカイブズの科学　上』柏書房，2003，p. 219.

第5部
21世紀の技術が示す知識のカタチ

The form of knowledge shown by technologies of the 21st century

第17章

1億件のデータから必要な情報を探し出す技術

原田 隆史

1 もはやひとつの図書館だけでは資料を集めきれない

出版点数の増加,デジタル資料の増加などにともなって,世の中で刊行される図書や雑誌などの数は急速に増加している。このような状況のなかで,従来のようにひとつの図書館が所蔵する資料を高速に検索するシステムだけではなく,複数の図書館にまたがって図書を探すことができるシステムなども作られるようになってきた。

三重県内の市町村立図書館の資料をまとめて探すようにした三重県図書館情報ネットワークや,国立国会図書館(NDL)の国立国会図書館サーチ(NDLサーチ)[1]は,その一例である。たとえば,NDLサーチでは,NDLの所蔵する図書や雑誌の書誌情報,レファレンス記録,デジタル化されたデータなどに加えて都道府県立図書館の所蔵情報,官公庁などが公開しているWebページなどNDLに集められていない資料も一括して探せる仕組みを備えている。NDLサーチを通じて探すことができるデータ数は1億件を超えている。

このように大量のデータを複数の情報源から収集し,検索できるシステムを実現するためには,単独の図書館が所蔵するデータを対象とした検索のための工夫に加えて,データの収集→加工→索引作成→検索→提供に至るさまざまな過程で新しい仕組みが必要となる。たとえば収集に関しては各データ保有機関と個別に交渉して連携するのではなく,領域ごとの拠点となる機関(アグリゲータと呼ばれ

る）を設定するという制度面の工夫や，データ収集を自動化するための仕組みを標準化するという技術面の工夫が NDL サーチでは行われている。後者の代表としては OAI-PMH と呼ばれる規格があげられる。

2　収集したデータの事前加工はなぜ必要なのか

検索とは事前に蓄積した大量のデータの中から求めるものを探しだそうとするもので，実際のシステムでは，応答速度が速いことがきわめて重要であるとも言われる。しかし，対応するデータが素早く表示されればすべてが解決できるわけではない。たとえば，Google が登場する以前にも Web ページを自動的に収集し，ページ中に含まれる語を手がかりとして高速な検索を行うことができる検索エンジンは，いくつも存在していた。しかし，それらが表示する検索結果は検索する人が求める内容ではないものが上位に出力されることが多かった。いくら高速であっても，これでは利用者の期待に応えているとはいえない。この状況が Google の登場によって一変した。

検索エンジンの順位づけの仕組みについてはどの検索エンジンとも公開していないが，サービスを開始した当時の Google はページランク（PageRank）と呼ばれる仕組みをその中心に据えていた[*]。ページランクの考え方は，重要な学術論文は他の多くの論文から引用されるということをベースにした論文の評価に似ているともいわれる。

すなわち，
・注目に値する Web ページは，他の多くの Web ページからリンクされている
・他の Web ページから多くリンクされている Web ページからリンクされるほうが，他の Web ページからのリンクが少ない

ページからリンクされるよりも価値が高い
- ただし，あまりにも多くのページにリンクを張っているリンク集のようなWebページからのリンクの価値はあまり高くない

という考え方のもとに，世界中のWebページをできるだけ多く集め，そのリンク関係を元にして各Webページの価値を計算して順に並べようとしたものである。ページランクの結果が直感とうまく一致していると多くの人が感じたことがGoogleへの高い評価を生み出すこととなったのである。

しかし，図書館OPACの出力結果ランキングにページランクのような検索エンジンと同じ仕組みを導入することが妥当かどうかは微妙である。検索エンジンでは独立した大量のWebページを対象とした検索を行うことから，取り扱う範囲が近い内容のページであっても順位が大きく離れるということはしばしば起こり得るし，そのほうが同じような内容のページばかりが続くよりも利用者にとって便利であろう。

一方，図書館のOPACでは検索語がタイトルや著者名中に出現しているという段階で，一定以上の適合度があると判断するのが妥当であり，また，その図書の有用性も過去の利用の多さとは必ずしも一致しない。たとえば，ページランクで用いられている被リンク数の多さを図書に当てはめれば，書評に取り上げられた数の多さや，図書館での貸出数の多さなどが考えられるだろう。しかし，単行本として刊行された小説が文庫本になり，さらに全集に収載されるというようなことはよくあるが，書評などは単行本の段階では盛んに書かれたとしても，全集に収載されたものに対するものは少ない。このような場合に，図書館OPACで単行本だけを上位に表示し，全集に収載されたものははるか下位に表示するのが妥当だろうか。それよりも，違う図書であっても同じ内容を含む場合には近くにまとめて表示するほうが望ましいことも多い。このように図書館のOPACの表示順序は検索エンジンとは別の基準での並べ替えなど

を考える必要があることは自明であろう。

　図書館 OPAC に応じた出力を行うためには，複数の図書館で同じ図書を所蔵している場合に「同じ図書」をまとめて表示したり，異なる出版社から同じ内容の図書が出版されている場合（浦島太郎のような童話など）に「同じ内容の図書」をまとめて表示することのほうが有効と考えられる。そのために必要となるのが書誌同定や著作同定である。

書誌同定：同じものは同じと言うのは実は難しい

　ひとつの図書館が複本を所蔵している場合には，購入時に同一の図書であるということを人手で入力することもできる。しかし，複数の図書館の図書をまとめて探す横断検索システムなどでは，自動的に同一の図書であるかどうかを同定する仕組みが必要となる。

　たとえば，『1Q84』のような図書は NDL が所蔵するだけではなく，全国の図書館も所蔵しているので，NDL サーチでこれを別々の図書として表示した場合には所蔵している図書館が違うというだけで 30 個も 40 個も表示されてしまう。これは利用者にとって非常に使いづらい事態である。そこで，NDL サーチでは同じ図書に関しては結果をひとつだけ表示し，その詳細内容をみたときにはじめて所蔵図書館のリストが表示されるような仕組みをとっている。このように複数の機関が所蔵しているまったく同一の図書の同定を行うことを「書誌同定」と呼ぶ。

　最近の図書の裏表紙には ISBN978-4-7907-1695-2 などという記号（ISBN）がバーコードとともに印刷されているが，これは各図書で異なる番号で付与されている。そこで，この ISBN を用いれば同じ図書のデータをひとつにまとめる書誌同定は非常に簡単なように思える。しかし，ISBN が付与されるようになったのは 1980 年代半ばのことであり，それ以前の図書には ISBN は付与されていない。また，現在でも郷土資料などをはじめとして ISBN が付与されてい

ない図書は多い。さらに，ISBN が付与されているからといって図書が一意に決定できるとは限らない。実は過去に出版された図書のなかにはまったく違う図書に同じ ISBN が付与されたケースも少なくない。改訂版が刊行されても ISBN を変更しないということもまれな例ではない。

このような状況のなかで，たとえ不完全ではあっても，できる範囲で最善をつくす活動が行われている。たとえば NDL サーチでは，ISBN が付与されている図書については ISBN が一致するとともに書名の最初の文字が一致する場合，また ISBN が付与されていない図書については書名（サブタイトルなどを除く），出版社名，出版年がすべて一致する場合に同一の図書と判定するということを行っている。もちろん，この方法では同定できないケースもあるが，どのようなデータを使用することができるのか，また，どのくらい機械的に処理することができるのかという観点から割り切って書誌同定を行っている。

このように機械的に行えるかどうかというのは実際のシステムではきわめて大きなポイントである。都道府県立図書館で過去に刊行された図書を新しく購入する場合を考えれば，この書誌同定作業は毎日行う必要がある。NDL サーチでは毎日数時間かけてこの書誌同定作業を行っている。

著作同定：同じ本でも単行本も文庫本もある

洋書を翻訳したような場合には同じ図書に違う日本語のタイトルがつけられて出版されるケースが存在する。たとえばジュール・ヴェルヌの「Deux Ans de Vacances」は『二年間の休暇』という直訳したタイトルで刊行されることもあるが，多くは『十五少年漂流記』というタイトルで出版されている。このように同じ内容の図書が複数存在するという状況は翻訳書に限らない。また，ある小説が個人全集のなかに収録されているというような場合もありえる。

『吾輩は猫である』の単行本や文庫本はすべて貸出中であるときでも『夏目漱石全集第2巻』に収録されているものだけは書架にあるというようなことは珍しくない。

同じ内容の図書が多数存在するときに，そのなかでたまたま入力したISBNに該当する図書だけしか探せないというのではなく，「単行本はないけれど文庫本ならば書架にある」といった表示がなされたほうが便利であることは言うまでもない。図書館の世界では，従来は図書ごとに違うものとして記録されてきた同じ内容の図書を関係づけて記録しようという試みが進んできている。FRBR（Functional Requirements for Bibliographic Records：書誌レコードの機能要件）と呼ばれる考え方はその一例である。

このFRBRのような仕組みが世界中の図書館で実現できるということはたしかに望ましい。しかし，すでに今まで刊行され，図書館で図書ごとに記録されてきた図書すべてについて，いまから図書間の関係を付与していくということは不可能に近い。特にNDLのように数百万冊に及ぶ和書を所蔵する図書館ですべての図書について人手による関係づけを行うのは非現実的である。そこでNDLサーチでは，完全でないことは承知のうえで，コンピュータを使って実現できる範囲で同じ内容の図書を同定する「著作同定」作業を行っている。

NDLサーチで行っている著作同定作業は，従来から作成されている図書単位の目録データ中に記録された「タイトル」と「著者名」の組み合わせを元にして，どの図書とどの図書が同じ内容かを調べている。このように書くと，「タイトル」と「著者名」の組での同定など簡単ではないかと拍子抜けするかもしれない。たしかに，仕組み自身は非常に簡単である。しかし，実際には図書の記述の仕方は多様であることも多い。たとえば「十五少年漂流記」が掲載された図書といっても，その形式にはさまざまな種類があり，それによって目録に記載されるデータも異なる。前述のように『二年間の

休暇』がタイトルである場合もあれば『ジュール・ヴェルヌ全集第2巻』であったり『少年少女世界名作全集』だったりすることもありえる。また著者名についてもカタカナで記述されていることもあれば原綴（フランス語のまま）で記載されていることもある。またカタカナ表記も「ジュール・ヴェルヌ」だけではなく「ジュール・ベルヌ」であることもある。これら表記の違いだけではなく，その組み合わせについても一筋縄ではいかない。タイトルは日本語表記で著者名は原綴という図書もある。コンピュータにとってはこれは大問題なのである。

　NDL サーチでは，これらさまざまなかたちで記録された目録データを元にして著作同定を行っている。すなわち，図書に関して目録に掲載されるタイトルと著者名の組を作成し，それらのいずれかが一致した図書をまとめていくという作業を行っている。

　たとえば，表紙に書かれた著者とタイトルが「ジュール・ヴェルヌ—15 少年漂流記」と「ジュール・ベルヌ—2 年間の休暇」である 2 冊の図書があった場合でも，ともに標題紙には原綴として「Deux Ans de Vacances」という書名が記述されており，著者名が Jules Gabriel Verne に統制されていたならば（NDL に納められた図書は，その段階で人手によって，図書に記載されたままの表記とともに，NDL が定める統一の表記が付与されて目録が作成されている），これらが同一の図書であると判断することは難しいことではない。

3　大量データの高速処理：コンピュータも索引を使う

　コンピュータは基本的に単純作業が得意な機械である。知的作業を行っているように見えても，その基本的な手法は非常に単純な方法が取られていることも多い。

　大量データを対象とした検索速度向上の代表的な手法として索引の利用がある。索引ということばでなじみがあるものとして図書の

巻末索引が想像できよう。本文中の単語を図書の最初から読んでチェックしていくのには膨大な時間がかかるけれど、巻末索引が作成されて五十音順に配列されていれば索引を元に該当箇所を特定することは容易である。コンピュータシステムにおける索引（インデックス）も考え方はほぼ同じである（コンピュータの世界では、このような本文中のことばを抜き出してきて元の位置を示すような索引を「転置インデックス」と呼ぶ）。

　図書の巻末索引は、索引の作成の手間だけではなく、印刷コストなどの制約からも図書の本文と比較して大規模なものにすることはできない。しかし図書の巻末索引と同様の仕組みがコンピュータシステムでは「超」大規模に作られており、索引のサイズが本文データよりも大きいことも珍しくない。さらにこれを何段階かに分けて作成していくというようなことを行うことで高速化をはかることもある。このようなインデックスを作成して高速に文字列の検索を行うためのシステムのひとつに Solr がある。NDL サーチもこれを使って大量のデータを対象とした高速検索を可能としている。

　なお、索引（転置インデックス）に記録される語句（索引語）は自動的に作成されるが、そのための手法は複数ある。たとえば、文章中で意味をもつ単位として索引語を設定することもあれば、意味的なまとまりにかかわらず文字の単位で索引語を設定することもある。前者の代表としては形態素解析によって単語を切り出して索引語とする手法がある。形態素解析は自然言語処理の手法を応用して文章を品詞ごとに分かち書きするもので、コンピュータ上に構築された辞書を用いて行われることが多い。一方文字の単位で索引語を作成するためには N-gram と呼ばれる手法が用いられる。N-gram は文章中に出現する N 文字分の文字列を、意味のあるなしにかかわらずすべて索引語として採用するもので、1 文字の時を 1-gram（mono-gram）、2 文字の時を 2-gram（bi-gram）、3 文字の時を 3-gram（tri-gram）と呼ぶこともある。

形態素解析などを用いる手法のほうが N-gram よりも索引のサイズをコンパクトにすることができ，語の活用形などに対して柔軟に対応できるなどの利点がある一方，索引作成処理が複雑になり，索引作成に時間がかかる。また形態素の解析は 100％正しく動作させることは難しく，誤った単語認識によって検索漏れが発生する場合も考えられる。実際のシステムでは目的に応じて，適切な索引手法が検討され，場合によっては組みあわせて用いられる。

4　コンピュータを高速にするための仕組み

前節までに記述したように，大量のデータを対象として高速かつ効果的な情報提供を行うためには，転置インデックスの作成，書誌同定，著作同定など事前の処理を毎日行うことが必要となる。

もちろんコンピュータは高速な機械であり，ひとつひとつの作業にかかる時間は長いものではない。しかし，短くても大量のデータを対象として処理を行うと全体としては多大な時間がかかることとなる。仮に 1 件ずつ処理を行うとして，1 件あたり 0.0001 秒（1 万分の 1 秒）の処理であっても，1 億件のデータでは 10000 秒（＝約 2.7 時間）もかかってしまうのである。このように限られた時間内に大量のデータを処理するためには，従来にも増して高速なコンピュータが必要とされる。

しかし，コンピュータの性能を上げようとした場合，図 17-1 に示すように高性能なコンピュータは価格が等比級数的に高額になってしまうという現状がある。そのため，近年では複数台のコンピュータを組み合わせて同時に作業をさせるという手法（「分散処理」と呼ぶ）を用いることが多くなってきている[**]。NDL サーチでも分散処理システムのひとつである Hadoop を採用している（清田，2010）。

このような分散処理の仕組みを導入することによって，高価な高

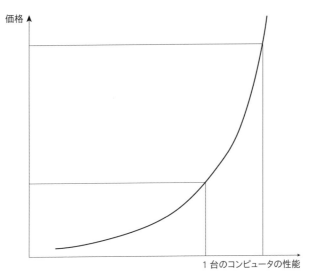

図17-1　コンピュータの価格と性能（清田, 2010）

速コンピュータを導入しなくても安価なコンピュータを複数台購入して同様の能力を発揮させることが可能となるのである。また分散処理の仕組みを用いることにより，最初は最低限の台数のコンピュータでシステムを立ち上げて必要に応じて台数を増やして能力を増強すること（「スケールアウト」と呼ぶ）や，ふだんは少数のコンピュータで運用しておいて必要な時期だけリースでコンピュータを追加するなどの対応も可能となる。

5　検索システムの高度化はさまざまなところで

　ここまでに，大量のデータを対象とした検索を行うためのさまざまな工夫を説明してきた。実際のシステムでは，これらだけでなく，入力段階や出力段階なども含めてさまざまな工夫がなされている。

　たとえば，Google のような検索エンジンでは「もしかして……」

などのかたちで関連語を提示するような入力サポートが実現されている。また，NDL サーチでは入力された検索語を元にして意味的な上位語や下位語などを表示する機能が備わっている。

　また，表示の上でも視覚障碍者の方にも使いやすいデザインの検討，図書館の蔵書検索結果からの絞り込みを容易にする仕組み，モバイル機器への対応など数多くの工夫がこらされ，使いやすくするための努力がなされているのである。近年の技術革新のスピードは速く，今までには予想できなかったような新しい機能もどんどんと実現してきている。より使いやすいシステムをめざして，世の中の検索システムは，もちろん図書館システムも含めて日々進歩しているのである[***]。

* 現在ではページランクのような仕組みだけではなく数百にのぼる数多くの要素を組みあわせて順序づけしていると言われる
** NDL サーチのように大量のデータを取り扱う場合には，実はコンピュータの性能そのものが要求されるわけではなく，データを読み書きする速度のほうが重要となる。ただし，データを読み書きするスピードも1台のコンピュータを使うよりも複数台に分散するほうが安価で高速である。
*** この章の内容に興味をもった読者は，関連書（杉本, 2014）も参照されたい。

引用・参考文献

清田陽司. Hadoop がスケール・アウトする仕組み. 連載：企業で使われる Hadoop. Think IT, 2010.〈http://thinkit.co.jp/story/2010/06/11/1608〉（2016 年 10 月 1 日閲覧）

杉本重雄編『図書館情報技術論』（現代図書館情報学シリーズ 3）樹村房，2014.

国立国会図書館. 国立国会図書館サーチについて.〈http://iss.ndl.go.jp/information/outline/〉（2016 年 10 月 1 日閲覧）

第18章

検索と推薦の技術

関　洋平

1　商用サイトにおける図書推薦

　本との出会いは古来,さまざまな機会を通して生まれてきた。最近では,ネットを通じた本との出会いが欠かせなくなってきている。書籍販売サイトにおいては,図書推薦サービスが1997年頃から活用されてきた。一方で,図書館においては,図書履歴の活用についての個人情報保護の問題があり,このような試みには課題があることがわかっている。本章では,電子書籍の利用の広がりなどの最近の状況にともなう,電子図書館とソーシャルメディアを融合した図書推薦の可能性について紹介したいと思う。

自分が読みたい本との出会い

　「これが読みたかった本だ!」と思うような本に出会ったことがあると思う。そのきっかけはどのようなものであっただろうか? 学校で読書感想文の課題に指定された,ベストセラーとして書店で展示されていて手にとった,友人からおもしろいと紹介された……など,きっかけはさまざまであることだろう。

　以前は,本との出会いは,こうした実際に書籍を手にとってから読んでみる機会を通じて起こることが中心であった。ところが最近では,ネット社会の発展にともない,ネットを通して本に出会う機会が増えてきているようである。

書籍販売サイトにおける本との出会い

みなさんは，Amazon.com や honto.jp や楽天ブックスなどのネット上の書籍販売サイトで書籍を購入されたことはあるだろうか？ 購入経験のある方は，自分を特定する電子メールアドレスなどでログインをすると，以前に購入した書籍の著者の本や，同じようなテーマの本などが，「あなたへのお薦め」などのかたちで提示されたことがあると思う。ときにはびっくりするような本が推薦されて，「これこれ！　この本が欲しかった！」というような出会いを経験された方もいらっしゃるのでは？　逆に，「こんな本は読みたくないなぁ。どうしてこんな本が推薦されちゃうんだろう」と思われた方もいるのではないだろうか。

自分と似ている人はどういう本を読んでいるの？

書籍販売サイトにおいて，本が推薦される際には，自分が電子メールアドレスなどの ID でログインした際に，過去に購入した本や，閲覧した本の情報を利用している。購入した本の情報を直接利用する場合，同一出版社，同一シリーズ，同一著者の本，あるいは内容が似ている本を推薦することが考えられる。内容が似ている本を推薦するためには，本の紹介文中の単語などを手がかりとして，同じような単語が出てくる本を推薦する必要がある。これらは，「内容に基づくフィルタリング」と呼ばれる技術だが，推薦されたものに対して思いがけない幸せを感じること（専門的には，「セレンディピティ」と呼ばれる）が少なく，本との出会いの機会が広がらないという欠点がある。

より出会いの機会を広げるためにはどうしたらよいだろうか。世の中で本との出会いを広げるきっかけになるのは，趣味や年代が似通った人，学校の友人や家族からの紹介が多い。Web 販売サイトにおいて，こうしたことを実現するためには，購買履歴や商品の評価の傾向が似通った人を，嗜好が似通った人とみなして，似通った

人が購入した商品を，別の人に推薦することを行う。これは，「協調フィルタリング」と呼ばれる技術で，1994年に，マサチューセッツ工科大学のレズニック氏らがネットニュースの推薦のために開発した GroupLens（Resnick et al., 1994）と呼ばれるアイデアが元になっている。

協調フィルタリングを応用した本の推薦

　Amazon.com における本の推薦（Linden et al., 2003）について詳しくみていこう。Amazon.com では，ソフトウェア開発に携わっている人には，プログラミング関係の書籍が，新生児の母親には，子育てに関係したグッズが推薦される。ユーザがどの商品をクリックしたかという情報や，実際にその商品を購入したユーザの割合といった情報に基づき分析すると，こうした推薦が有効であることがわかる。また，商品の購入は，多くのユーザにおいて行われていることから，データの数は膨大になる一方で，推薦はユーザの興味に基づきリアルタイムに行う必要がある。Amazon.com では，ユーザが購入した商品に対して，別の商品を推薦候補とするかの判断を，どれだけのユーザが両方の商品を購入したかという度合いに基づき計算する。この手法は，「商品に基づき商品を推薦する協調フィルタリング」（item-to-item collaborative filtering）と呼ばれる。この推薦は，ユーザが購入した少数の商品に基づき行われ，商品間の推薦度の計算は，事前に済ませておくことができる。したがって，ユーザに対するリアルタイムな推薦に向いている。

2　図書館における図書推薦の課題

図書館における書誌推薦と貸出記録

　図書館においては，こうした推薦技術はどのように取り入れられているのであろうか。Web 書籍販売サイト上の書誌の購買履歴に

代わり，図書館で活用できるユーザの情報としては，貸出記録（貸出履歴）がある。こうした情報を利用した書誌の推薦に関する研究は，2009年頃から徐々に取り組まれている（原田，2009）。このような貸出記録と，第1節でみた購買履歴の違いはどこにあるのであろうか。図書館の貸出記録に残っている書籍は，必ずしもお金を払って購入しないことから，継続的な興味というよりは，一時的な調査に基づき借りた書籍が含まれる。たとえば，レポート作成や旅行ガイドなどの目的で借りる書籍である。こうした書籍に基づき推薦される書籍は，必ずしも利用者の現在のニーズにマッチしない場合がある。また，貸出記録そのものは，ユーザの思想や信条を反映しており，個人情報保護の観点から，再利用が難しいという点も課題となっている。

武雄市図書館における新たな取り組みと課題

　最近の図書館は，利用者にとってより役立つ場をめざして，従来にはないサービスを提供することを試みている。そのような取り組みの一例として，佐賀県の武雄市図書館では，2013年4月1日に，TSUTAYAを展開する企業「カルチュア・コンビニエンス・クラブ」による図書館の運営を開始した。館内には，スターバックスコーヒーが入っていて，コーヒーを飲みながら本を読むことができる。また，公衆無線LANが整備されているほか，コンセントつきの机も配備されているため，携帯端末を持参した利用者が，仕事をすることもできる。内装もゆったりと作られており，書架の配置や照明も工夫されていて，蔵書にはすべてICタグが付与されており，探したい書籍がどの書棚にあるかわかるようになっている。市民の評判も良く，1年間で92万人の来訪者があり，図書貸出数でみると約56％，図書カード登録者数でみると約35％が武雄市民であった。

　この図書館の特徴として，貸出カードを，カルチュア・コンビニ

エンス・クラブ社が発行するTカードとするか，図書利用カードを選択できることがあげられる。Tカードを利用した場合には，貸出時にTポイントがつけられるが，ポイントサービスという営利企業のシステムをもちこむ点に関しては，懸念が表明されている。また，一企業が貸出履歴を入手するという点に関しても，日本図書館協会から懸念が表明されている。武雄市図書館は，利用に関する規約の第2条において，「図書館利用者の個人情報に紐付く図書等の貸出履歴情報は，図書等の返却後，速やかに図書館の電子計算機等いっさいのシステム内から削除するものとする」とするなど，これらの懸念に対して一定の配慮を示している。

電子化した書誌を活用した検索と推薦

　場としての図書館の魅力を増す取り組みと同時に，これからの図書館を語るうえで欠かせないのが，書誌の資料を電子化した電子図書館の構想である。この構想について，最近の大きな出来事としては，Google Books と国立国会図書館の長尾真元館長による電子図書館の構想（後藤，2012）がある。書誌の電子化は，図書館における書誌の検索や推薦に書誌情報を活用できるようになることから，図書館のサービスに大きな発展をもたらす可能性がある一方で，出版社や著作権者の権利の保護についても十分な配慮が必要である。

　次節では，電子化した書誌を活用した推薦技術について紹介していく。

3　電子書籍とソーシャルリーディング

電子書籍の活用の広がり

　みなさんは，Amazon の Kindle などの電子書籍リーダーを活用して，電子書籍をご覧になったことはあるだろうか？　最近は，電子ペーパー技術が発展し，印刷された書籍と比べて遜色なく表示で

きる。

　電子書籍を利用する場合の従来の本にはないメリットとしては，文字のサイズの変更や，音声の読み上げや映像，辞書など他の媒体との連携が容易であることがあげられる。また，目次，本文，索引を活用した本の中の検索ができる。つまり，従来の PC 端末上で行えていた作業との連携が容易であることが機能面のメリットになる。

　さらに，電子書籍のデータは，ネットワークを介して入手することから，ネット上の他ユーザとのコミュニケーションの活用が見込める。つまり，読書体験を，同じ本を読んでいるユーザ間で共有することが期待できる。この機能を，「ソーシャルリーディング」と呼ぶ。

ソーシャルリーディングと推薦

　ソーシャルリーディング機能が注目されたきっかけは，Amazon の Kindle に搭載されていた「ポピュラーハイライト」である。ここでは，本の一節をマークしてハイライトをつけたり，感想を書き込んでおくと，多くのユーザがハイライトした箇所や感想を共有できる。また，Twitter や Facebook と連携することで，本のタイトルや感想を投稿できる。こうした投稿は，ネット上の友人による本の推薦の役割を果たし，友人を介した本との出会いの機会が広がる。ソーシャルリーディング機能は拡張が容易であり，私の研究室でも，「感動」「おもしろい」「泣ける」といった感性タグを利用して，読者間の交流を活性化させる研究に取り組んでいる。この研究では，従来は投稿時間の順に並べて提示されることの多い書籍レビューを，書籍のページやフレーズに対して感じた読者の感性に基づき集約して並べることで，感性を共有する読者間の交流を促進することをめざしている（酒井・関，2014）。

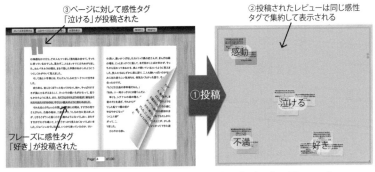

図18-1 ソーシャルリーディング機能の実現例（酒井・関, 2014）

本棚サービスを活用した推薦

みなさんは，小学校の頃，推薦図書が並べられていた本棚から本を借りたことがあるだろうか？ 最近は，本棚をネット上で公開し，その人が興味をもっている本を他の人が参照できるサービスがある。代表的なサービスとしては，トリスタ（2014年9月に，ドワンゴの子会社となった）の「読書メーター」や，ブクログの「web本棚サービス」がある。「読書メーター」では，読んだ本を元に利用者間の相性度を知ることができ，相性度の高い利用者から自分にあった本を見つけることができる。

さらに野心的な試みとしては，リブライズ（地藏，2014）がある。リブライズは，本棚を図書館に変える仕組みを実現している。具体的には，カフェや学校や病院など，本をたくさん所蔵しているスポットにおいて，オーナーが図書館のように本を貸し出したいと考えた場合，Facebookのアカウントを利用してブックスポットを開設し，書誌情報をリブライズの利用者に共有する。リブライズの利用者は，近くのブックスポットにある借りたい本を見つけて，スマートフォン上の貸出画面を貸出カードとして提示し，貸出申し込みをすると，バーコードを読み取るかたちで貸出情報を記録し，本を借りることができる。また，本の所蔵状況は，外部サービスと連

携するための API（Application Programming Interface）を利用することで，リブライズのサイトにアクセスすることなく，自身のブログなどに情報を表示することができる。

4　ユーザの嗜好を活用した大学図書館における推薦技術

大学におけるデジタル図書館の役割と学術関連情報の推薦

　みなさんは，大学図書館に対してどんなイメージをもたれているだろうか？　大学図書館は，図書館のなかでも学術調査や研究・教育活動に焦点を絞った役割を担っている。これからの大学図書館は，電子化された膨大な研究資料の中から，学生や教員の興味を考慮したうえで，その人にあった電子化された学術資料や研究者を推薦する機能を実現し，学術関連情報へのアクセスや学術コミュニティの形成を効果的に支援する必要がある。本節では，これまでの議論をふまえて，スペインの大学において開発されている，次世代の大学電子図書館を実現するための推薦技術について紹介する。

利用者の満足度を考慮した学術情報の推薦

　利用者にとって満足できる学術情報を推薦するためには，第2節でも課題となった貸出履歴のような，個人がどういったことに関心をもっているかといった情報が重要になる。Facebook に代表されるソーシャルメディアでは，どういった人が友人か，どういった情報に「いいね！」を押したか，どういったグループに参加したか，といった情報を利用して，利用者が関心のある情報を推薦できる。スペインのグラナダ大学の図書館では，第1節でとりあげた協調フィルタリングの技術を発展させて，利用者が，自分にとって関心の深い5つの学術資料を評価するだけで，他の利用者による推薦された資料への満足度を考慮に入れて，資料間の嗜好関係を推定し，研究資料を推薦する仕組みを実現している（Tejeda-Lorente, 2014）。

こうした電子図書館における新しい推薦技術により，大学における研究や教育活動が，将来発展することが期待されている。

研究者間のコミュニケーションに向けた推薦機能の実現

みなさんは，FacebookやLINEなどのソーシャルメディアを通じて，新たなネット上の友人のグループと知りあいになることがあると思う。その際に，自分と異なる年代や職種の方々と知りあいになることで刺激を受けたことはないだろうか。

大学では，異なる専門性をもつ教員がいて，また多様なテーマについての電子化された書籍や論文や情報誌などの研究資料を管理する必要がある。スペインのカスティーリャ・ラ・マンチャ大学では，Googleが開発していたGoogle Waveというソーシャルコミュニケーションシステムを応用して，複数の専門性をもつ大学教員と，複数のテーマの研究資料とを関連したグループ（「Wave」と呼ぶ）にまとめ，そのグループに関連の強い研究者や研究資料を推薦するシステムを実現している（Serrano-Guerrero, 2011）。大学教員は，多くの情報から，自分が関連しているグループに適した論文や，共同研究を進める教員を把握できるようになり，効果的に研究を進めることができる。

さらに，第3節で述べたソーシャルリーディングや本棚サービスを組み合わせると，研究者間の交流がいっそう進み，思いもよらない新たな出会いと，それにともなう発見が生まれるかもしれない。新しい推薦技術をともなう図書館サービスが，みなさんの身近な図書館において実現されることを期待しつつ，本章のむすびとしたい。

引用・参考文献

後藤敏行「長尾構想の検討：推進に向けた予測と提言」『図書館界』Vol. 64,

No. 4, 2012, pp. 256-267.
酒井紗希・関洋平「感性タグを用いて読者間の交流を促進するための一検討」『電子情報通信学会論文誌』Vol. J97-D, No. 1, 2014, pp. 173-176.
地藏真作「次世代ライブラリ2 リブライズ：すべての本棚を図書館に変える仕組み」『情報処理』Vol. 55, No. 5, 2014, pp. 452-457.
原田隆史「図書館の貸出履歴を用いた図書の推薦システム」『ディジタル図書館』No. 36, 2009, pp. 22-31.
Linden, G., Smith, B., and York, J. Amazon.com Recommendations: Item-to-Item Collaborative Filtering. IEEE Internet Computing 7(1), 2003, pp. 76-80.
Resnick, P., Iacovou N., Suchak M., Bergstrom P., and Riedl J. GroupLens: An Open Architecture for Collaborative Filtering of Netnews. In Proceedings of the ACM Conference on Computer Supported Cooperative Work. Chapel Hill NC USA, 1994, pp. 175-186.
Serrano-Guerrero, J., Herrera-Viedma, E., Olivas J. A., Cerezo, A., and Romero F. P. A google wave-based fuzzy recommender system to disseminate information in University Digital Libraries 2.0. Information Sciences 181(9), 2011, pp. 1503-1516.
Tejeda-Lorente, Á., Porcel, C., Peis, E., Sanz, R., and Herrera-Viedma, E. A quality based recommender system to disseminate information in a university digital library. Information Sciences 261, 2014, pp. 52-69.

第19章

知識をリンクする技術

高久雅生

1 次世代のウェブから考える

ワールド・ワイド・ウェブ（World Wide Web, WWW：以下，「ウェブ」）の発明者ティム・バーナーズ=リーは，2001年に，次世代のウェブでの情報共有のための仕組みであるセマンティック・ウェブ（Semantic Web）を提唱した。セマンティックとは意味論を示す用語であり，セマンティック・ウェブはウェブ上でのデータ表現を拡張することにより，意味的記述と機械的理解を可能とするウェブ標準を指す。

たとえば，「つくば市内で仕事帰りに行ける歯医者を探したい」というニーズに答えるようなケースを考えてみよう。この場合，ウェブ上には多くの歯科医院がウェブページをもっているので，「つくば市 歯医者」というキーワードで検索をするだけでも，おおまかには求める情報を抽出できるだろう。しかし，「仕事帰りに行ける」というようなキーワードはどうだろう。この場合は，当日の曜日と時間帯に開いているかどうかをひとつずつみていかないといけないだろう。この場合，ウェブページ内の表現も多様である。たとえば，「診療時間：平日 9:00-13:00・15:00-19:00，土曜 9:00-13:00」といった記述があるページ内に書かれていたとしても，これだけの表現では，元のニーズに当てはまるかどうかを機械的に抽出するのは難しい。

セマンティック・ウェブでは標準的なデータ表現モデルと統制語

彙,そして,統制語彙間の関連を定義しておくことにより,多くの分散的に作られているウェブページの情報を活用しながら,このようなニーズに応えうる環境を実現しようとしている。

2 セマンティック・ウェブの技術的基盤

データ表現のための階層

コンピュータを用いて知識や情報の意味を扱う際には,その基礎として,情報をどのように構造化するか,その構造化する対象の中身がどのような構成により実現されるかを意識することがとりわけ重要となってくる。情報を他者とやりとりし,場合によっては自動的にやりとりするには,情報を交換するための方式として,低レベルの文字ひとつひとつから,高次の知識構造にいたるまで,交換可能な仕組みを作っておく必要がある。セマンティック・ウェブにおいてもこのような階層の各層を意識して扱う必要がある。以下に,セマンティック・ウェブの各層での表現においてよく用いられる基盤技術を説明しておこう。

・文字の層：Unicode
・記述形式の層：XML, Turtle
・データ構造の層：RDFトリプル

文字の層で示されるものはもっとも基礎的な情報である文字テキストの表現をどのような文字の集合として扱うかを示すものであり,コンピュータによる情報交換,またコンピュータを通じた情報交換のすべてはこの階層で規定された文字データを用いて行うため,きわめて重要な役割を果たす。1990年代に成立したUnicodeは,全世界の文字をひとつの体系のなかに位置づける国際標準であり,国際的な情報交換を行う状況では有用な情報交換用の文字集合として認められてきた。以降で述べる基盤技術の多くは,その文字の層にUnicodeを採用している。

```
<?xml version ="1.0"?>
<文書>
  <title>文書の一例</title>
  <paragraph>XML 文書は開始タグと終了タグに挟まれたものを要素と呼び，入れ子構造
をとることができる。</paragraph>
</文書>
```

図19-1　XML 形式の記述例

　つづいて，記述形式である。ここではファイルフォーマット（file format）と言い換えてもよいだろう。構造化したデータを明示的な形式として他者とやりとりするためには情報交換可能な標準形式が必要となる。XML（Extensible Markup Language）はウェブに限らず広く用いられている記述形式である。XML 形式で記述されたデータ例を図19-1 に示す。

　XML 形式では，「〈」と「〉」で囲まれた部分を「タグ」と呼ぶ。特定の名前がつけられた開始タグ（たとえば〈title〉）とその終了タグ（たとえば〈/title〉）とで挟まれた部分を，その名前のタグの意味を示す内容とし，この開始タグから終了タグまでを「要素（element）」と呼ぶ。要素はいくらでも入れ子にすることができる。文書内で入れ子になった要素同士を階層的な関係にあると示すことができる。これにより，文書内の階層関係や細かい意味内容までを要素を組み合わせることで表現できる。タグの名前を自由に名づけることができるのも XML 形式の特長であり，このため，文書のジャンルや内容に応じて適切なタグづけを追加できる。

　最後にデータ構造の層である。多様な情報を表現するためのモデル化の方法論にはいくつかのデータ構造モデルが提唱されてきた。代表的なものでは，表や木，グラフといったデータ構造がある。セマンティック・ウェブにおけるデータ表現モデルには，このうちグラフモデルが採用されている点に特徴がある。

セマンティック・ウェブにおけるデータ表現：グラフデータ構造とトリプル

グラフモデルは一般に木構造モデルの拡張版であり，より高い表現力と拡張性に優れる性質をもっている。セマンティック・ウェブにおけるデータモデルは RDF（Resource Description Framework）と呼ばれる標準仕様にまとめられている。以下ではこの RDF データモデルで規定されるグラフ表現データモデルを解説する。

図 19-2 にグラフモデルの例を示す。図 19-2 において，図中で円で囲んだものは「リソース」と呼ばれ，リソースどうしをつなぐ矢印につくラベルは「リンク」と呼ばれ，2 つのリソースとひとつのラベルをあわせ「トリプル（三つ組）」と呼ぶ。セマンティック・ウェブにおいて意味関係を表現するグラフモデルはこのトリプルを基礎情報として用い，トリプルをいくつもつなげて表現していくことにより，意味処理で必要とする情報を記述する。図 19-2 は「つくば市」を表現するリソースに対して，関連する概念との関係を表現することにより意味づけを行う例であり，以下のようなリソースどうしの関係をつなぐグラフとして表現している。

・「つくば市」は「筑波研究学園都市」という別名をもつ（org: alias）

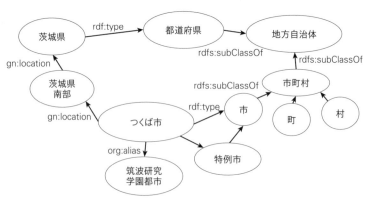

図19-2　グラフモデルの例「つくば市」

```
<?xml version ="1.0"?>
<rdf:RDF xmlns:rdf ="http://www.w3.org/1999/02/22-rdf-syntax-ns#"
     xmlns:org ="http://example.org/organization/1.0/"
     xmlns:gn ="http://www.geonames.org/ontology/#">
  <rdf:Description rdf:about ="http://example.jp/つくば市">
    <org:alias rdf:resource ="http://example.jp/筑波研究学園都市"/>
    <gn:location rdf:resource ="http://example.jp/茨城県南部"/>
    <rdf:type rdf:resource ="http://example.jp/市"/>
  </rdf:Description>
</rdf:RDF>
```

図19-3　RDF/XML形式で記述されたトリプルデータ例

```
@prefix rdf: <http://www.w3.org/1999/02/22-rdf-syntax-ns#> .
@prefix org: <http://example.org/organization/1.0/> .
@prefix gn: <http://www.geonames.org/ontology/#> .
@prefix ex: <http://example.jp/> .

<ex:つくば市> org:alias <ex:筑波研究学園都市>;
    gn:location <ex:茨城県南部>;
    rdf:type <ex:市>.
```

図19-4　Turtle形式で記述されたトリプルデータ例

・「つくば市」は「茨城県南部」に位置する（gn:location）
・「つくば市」は「市」のひとつである（rdf:type）

さらには，「市町村」が「地方自治体」のひとつであるという関係や，「都道府県」も「地方自治体」のひとつであるという関係を加えることにより，「つくば市」以外の地方自治体などとの関連性もたどれるようなかたちで表現している。

トリプルデータの処理は，このようなトリプル中に出現するリソースを一意に識別し，それらの関係をトリプルとして取り出すことにより，リソース間の関係性を把握して扱うことができる。

これらのトリプルに基づくデータを実際に記述するファイル形式には，いくつかの形式を用いることができ，特にXMLやTurtleといった記述形式がよく用いられている。図19-2に記述したデータ構造を，XML形式で記述した例を図19-3に，Turtle形式で記

述した例を図19-4に示す。

リンクト・データ (Linked Data)

　セマンティック・ウェブのための基盤データとしてグラフ構造モデルによるデータを蓄積して，コンピュータが機械的に情報の意味を解釈して処理を行ったり，利用者に推薦したりするようなサービスが提唱されているものの，汎用的なサービスを行うことはウェブの性質からきわめて困難である。ウェブで提供されているようなすべてのジャンルの情報や知識をカバーするような意味処理用データを蓄積することは難しく，さらに，表層的な知識に限定せずにより深い理解を可能とするための意味処理の方法論が確立していないこともその理由である。この課題を克服するため，セマンティック・ウェブを実現するアプローチのひとつとして，グラフモデルに基づく個別的なデータを分野ごとに構築して提供することにより，応用アプリケーションに役立てるための動きが始まった（ヒース／バイツァー，2013）。このようなアプローチにより構築されたデータおよびその方法論を「リンクト・データ（Linked Data: LD）」と呼ぶ。

　セマンティック・ウェブの初期のアプローチは，人間がもつ知識構造を「オントロジー」と呼ばれる概念辞書として構築することで意味処理を可能にすることをめざした。対照的に，リンクト・データのアプローチでは，実際のウェブ上に存在したり，実世界に存在する，まとまった情報群を対象に，グラフ構造に基づくトリプルデータを構築することを主眼においているのがその特徴である。加えて，ウェブ上の識別子として，これらの対象とするリソースにURI（Universal Resource Identifier）を付与し，一意に同定できるようにする。このようなリンクト・データの実例を次節でみていくこととする。

3 つながるデータとその応用例

リンクト・データのデータ提供例と応用

　前節で説明したトリプルに基づくグラフモデルのリンクト・データにより、さまざまな情報が提供されている。たとえば、ウェブ上でユーザ参加型で構築されているフリー百科事典『ウィキペディア(Wikipedia)』には200以上の言語版で数千万もの記事があり、そのなかには古来からの事象や最新のアイドルに関する記事まで、森羅万象が執筆されている。ウィキペディアの記事は自由に加工したり再利用を許すフリーライセンスが付与されているため、このデータセットを元に自動で抽出したトリプル情報が公開されている。このデータセットはDBpediaと呼ばれている。DBpediaのトリプルデータの抽出にあたってはウィキペディアの記事内に書かれた定型的なパターンとそれに対応するメタデータ項目のマッピング関係を人手で蓄積して自動抽出するという手法が用いられており、2016年現在、約80億以上のトリプルデータが抽出され提供されている。

　DBpediaはリンクト・データの代表例であるが、トリプルデータはさまざまな主体により公開され提供されている。このようなまとまったデータセットにどのようなものがあるかをわかりやすく示すために、LODクラウドというサイトも公開されている。図19-5はLODクラウドに掲載されているデータセット群を示した例である。図中のノードひとつひとつがデータセットを示しており、中央あたりのノードが上で述べたDBpediaのデータセットを示している。2014年時点で1000以上のデータセットが公開されており、政府公的機関による統計情報や地理情報、出版社や図書館などによる書誌情報、生命科学研究の成果である遺伝子などの生物の基本情報など、多岐にわたる情報が公開されていることがわかる。

　日本国内におけるリンクト・データの代表例は国立国会図書館が

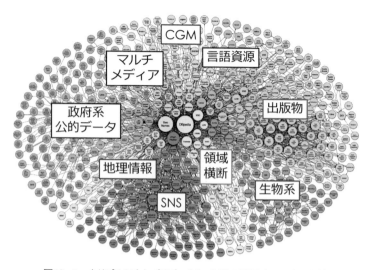

図19-5　トリプルにもとづくデータセット群の図示（LODクラウド）

提供するWeb NDL Authoritiesである。Web NDL Authoritiesは，国立国会図書館件名典拠と国立国会図書館名称典拠の両者をリンク・データとして提供するものであり，各典拠レコードに一意に識別可能なURIを与えている。これらの典拠データは国立国会図書館が受け入れた蔵書群の組織化に用いてきたもので，文献資料の主題や，著者や出版社の情報に識別子を付与してきたものである。リンク・データとしてウェブ上のリソースにURIが付与され，トリプルデータの一部として用いることができることにより，国立国会図書館に限らず，利用できる範囲が広がることとなる。

また，リンク・データとして提供されたWeb NDL Authoritiesのうち，名称典拠と呼ばれる情報については，国際的な図書館ネットワークのなかでVIAF（Virtual International Authorities File）のなかにも組み込まれて活用されている。VIAFとは，アメリカの非営利団体OCLC（Online Computer Library Center）による国際的な名称典拠ファイルを構築するプロジェクトであり，2015年現在，約30か

国の国立図書館を中心とする関係機関と協力して、書誌情報と名称典拠情報をマッチングし関連づけた情報が提供されている。リンクト・データとして公開されていることにより、このような国際的な書誌情報、典拠情報のネットワークのなかで取り込むことができる。

マイクロフォーマット

　一方で、このようなグラフデータ構造による情報をデータセットとしてまとめて記述したり提供したりするのではなく、普通のウェブページのなかで記述されている内容に対して、その意味を付与していくアプローチも提案されている。このような取り組みはマイクロフォーマット（Microformats）やマイクロデータ（Microdata）と呼ばれ、主に検索エンジンなどがウェブページから情報を抽出するために用いる応用例があり、普及が進んでいる。

　マイクロフォーマットの成功例のひとつは、検索エンジン大手のMicrosoft, Google, Yahoo! が 2011 年に共同で提案した Schema.org というプロジェクトである。Schema.org では、ウェブページのリソースが記述している対象として著作物や音楽、レシピ、テレビ番組、動画、イベント情報、レストラン、ショップ情報、商品、レビュー情報といった多様でニーズの高い項目に関する情報を設定し、それぞれに応じたメタデータの標準的な語彙を提供することにより、ウェブページ内に書かれた情報を検索エンジンが的確にユーザに返せるようにすることをめざしている。

オープンデータという潮流

　データは単に公開提供されるだけではなく、効果的に利活用される必要がある。そのためには、できるだけ制約をなくすことが肝要となってくる。ウェブの世界では、技術的な制約をなくすために標準化がなされており、標準的な形式（たとえば XML 形式）やデータ構造（たとえばトリプルデータ構造）を用いることにより、第三者で

もデータ内容がわかりやすく，使いやすい環境が整えられる。一方で，社会制度上の制約も存在する。もっとも大きい制約は特許や著作権などの知的財産権によるものだろう。

データに関しては，文書のように読者が読めばそれで終わりということではなく，無償で誰でも制約なく使えるだけでなく，第三者がそのデータを利用した成果に加え，さらに使いやすいように加工したものも提供できるようになることが必要とされることも多い。

そこで，このような制約をなくすための仕組みとしてオープンライセンスと呼ばれる標準化されたライセンス規約をデータに付与することが提案されている。このようなオープンライセンスを付与されたデータをオープンデータ（Open Data）と呼ぶ。

オープンライセンスの代表格はクリエイティブ・コモンズ（Creative Commons: CC）ライセンスである。クリエイティブ・コモンズライセンスは著作権利者の帰属表示といった基本的な条件を満たす場合に限り，第三者による加工や再利用を許すライセンスであり，オープンなデータ共有のために広く用いられている。また，完全に著作権の制約をなくすために条件をなくしてパブリックドメイン（public domain）の公共物にするという扱いにすることもある。

2010年代に入り，先進国を中心として政府や関係機関によるオープンデータ公開が進みつつある。2013年6月にはG8で「オープンデータ憲章」が採択され，国際的にもオープンデータ推進が政策として打ち出されている。日本国内でも2012年に「電子行政オープンデータ戦略」が策定され，公的部門と民間との連携による，オープンデータの公開提供と利活用の推進がうたわれている。

このような動きのなかで，オープン・データの要件を満たす再利用可能なリンクト・データは特に活用の可能性が高いものとして，リンクト・オープン・データ（Linked Open Data: LOD）とも呼ばれるようになっており，多くのリンクト・データがオープンデータ化する中で，リンクト・データとリンクト・オープン・データの垣根

はなくなりつつある。

4　これからのウェブとつながる知識

　ここまで述べてきたように，リンクト・データの考え方は機械による意味理解をめざしつつも，厳密なデータをトップダウンに組み上げるのではなく，分散的に記述された多様な表現をそのまま利用し，結果として作り上げられた多様なデータセットがリンクしあうことを通じて，全体の目標を達成しよう，というウェブ的な発想に従っている点に特徴がある。データの記述単位はトリプルデータであり，特定のリソースとその関係をひとつずつ記述するだけでよく，それ以上のまとまった完全な情報を厳密に記述する必要がない。このため，現実のウェブページと同様に，一部の情報に不足があったり，場合によっては，リンクしているリソース間にリンク切れが発生してしまうことも許容する。

　この特徴は図書館情報学で従来作り上げてきた書誌コントロールの世界から眺めると違和感がある場合もあろう。しかしながら，ウェブの特徴である分散性と自律性がウェブの急速な発展を支えてきたことを考えると，そのようなウェブ的な世界のなかで図書館などの情報機関もしくは図書館情報学の専門家が構築してきた粒度の細かい書誌情報や典拠情報を，どのようにリンクト・データの世界とリンクさせていくか検討してみることも今後重要となってくる。このときに鍵となるのはやはり，ウェブの発想をいかにうまくとらえられるかであろう（日本図書館情報学会研究委員会編，2016）。

　たとえば，京都府立図書館の司書による勉強会プロジェクト「ししょまろはん」が公開提供しているデータセット「京都が出てくる本のデータ」は，京都を舞台とする小説やマンガの情報をまとめたリストとして，位置情報や著者名典拠情報などをリンクト・データとしてつないだものである。このデータセットはリンクト・データ

の公開と利活用のための取り組みであるLODチャレンジ2014においてデータセット部門で最優秀賞を獲得した。このデータセットは約250件程度の書籍を対象とした小規模なデータではあるが，他の観光アプリなどへの利活用も見込まれるわかりやすい内容である。人手で収集した質の高い情報を，データ量の多寡にかかわらず公開し他者と共有することで活用を進めていくという動きは，ウェブ的な発想に従った好例であるといえる。

セマンティック・ウェブの今後に向けた課題は2点ある。ひとつは，応用アプリケーションが見えづらいという点である。リンクト・データ化することにより機械処理し再利用することは容易になる一方で，直接的で具体的な応用アプリケーションが見えづらい場合も多い。

課題の2点目は，信頼性の高い情報源をどのように確保するかという点である。ティム・バーナーズ＝リーの当初のセマンティック・ウェブの提案にも「信頼性」の層を設けることが検討されていた。リンクト・データにおいても，信頼性をどのように技術的に担保するかが今後の課題となる。たとえば，トリプルデータ・セットのなかにそのトリプルを誰が記述したか出所を書くことにより，この一助にしようという提案もなされている。セマンティック・ウェブの応用アプリケーションにあっても，最終的には，エンドユーザに対して処理結果を提示するだけでなく，その信頼性の度合いをもどれほど提示できるかが，意味処理の次の課題となっている。少なくとも，図書館などの情報機関が提供する人手で作られてきたデータセットの公開が続いていることは，この方向での改善に向けて後押しになるものと思われる。

引用・参考文献

ヒース,トム／バイツァー,クリスチャン『Linked Data：Webをグローバルなデータ空間にする仕組み』武田英明ほか訳,近代科学社,2013.
日本図書館情報学会研究委員会編『メタデータとウェブサービス』(わかる！図書館情報学シリーズ No. 3) 勉誠出版,2016.

第20章

世界の知識に到達するシステム

宇陀則彦

1 電子図書館の夢

現在,日常的に使うようになったパソコンやネットはいつ誰が考えたのだろうか。実は今われわれが目にしている情報技術は1946年に発表されたある論文を起源としている。ヴァネヴァー・ブッシュの「As we may think(われわれが思考するがごとく)」がそれである。ブッシュは第二次世界大戦時のアメリカの科学研究開発局の局長であり,アメリカ国内の研究者,技術者を総括する立場にあった。戦争に勝つための技術開発においてもっとも重要なのは,最新の研究成果を共有することであり,ブッシュのもとには多くの論文や報告書が集まった。しかし,それらの文献を有効に活用するには文献の数が多すぎた。そこで,ブッシュはこれらを効率よく管理し,人の知識に連動して動く情報システム Memex(メメックス)を構想した。ブッシュは実際に Memex を作ったわけではないが,その後,多くの研究者や技術者に影響を与え,パーソナルコンピュータや World Wide Web の実現につながっていく(西垣,1997)。

Memex は図書館の資料を大きな机に全部格納し,必要に応じて取り出せる機械である。いわば自分専用の図書館を所有するようなものである。図書館の資料は当時最先端のメディアであったマイクロフィルムに変換され,机の中に格納される。机の上にはディスプレイが設置されており,脇のジョイスティックとキーボードを操作することで,マイクロフィルムの内容をディスプレイに表示できる。

Memexのアイデアはそれだけでは終わらない。マイクロフィルムを表示する順番を資料のページ順ではなく、「連想の道筋」と呼ばれるリンク構造に沿って表示できる。連想の道筋はMemexを操作しているユーザの記憶や思考に応じてあらかじめ設定しておく。そうすれば、自分が今考えている問題に沿って資料を読むことができるわけである。資料は追加することも可能で、ディスプレイ横の台に置き、ボタンを押すことで自動的にマイクロフィルムに変換され、連想の道筋の途中に挿入できる。

Memexの発想は現代のパーソナルコンピュータであると同時に、電子図書館そのものでもある。初期の電子図書館はそれぞれの図書館所蔵の目録をインターネットで検索できるだけであったが、その後、電子ジャーナルや電子書籍が登場し、今日では多種多様な情報資源が電子図書館で使えるようになっている。

かつて時の権力者たちは書物を集めることで知識を独占していた。その後、活版印刷の発明によって書物は市民に開放され、書物を管理する職業として司書が生まれた。古の司書たちは世界中の書物を把握することで世界の知識を手にすることを夢見た。その夢は今まさに実現しようとしている。

2　ディスカバリサービスの登場

図書館にいけばたくさんの本があり、知識を得るために人は図書館で本を探す。しかしながら、ひとつの図書館に所蔵している本は世界の書物全体に比べれば微々たるもので、たかだか数十万冊にすぎない。国立国会図書館でさえ1000万冊（図書のみ）である。世界最大と言われるアメリカ議会図書館でさえ2400万冊（図書のみ）である。一方、世界中の書物の数は1億を超えると言われるが、「書物」の意味を拡大解釈するとその数倍になるだろう（数え方による）。

コンピュータが登場する前は、数万冊の本を管理し、探しやすく

するだけでも一苦労で，書誌情報を整備し，目録カードでもって本を探していた。コンピュータの登場によって目録がデータ化されると，数十万冊単位の本は簡単に検索できるようになった。インターネットの登場によってさらに利便性はあがり，いつでもどこでも検索できるようになった。この図書館の所蔵資料を検索するシステムを OPAC（Online Public Access Catalog）という。さらに，本文がフルテキストとして電子化されると，書誌情報からフルテキストにリンクされ，OPAC の検索結果をクリックすると，すぐさまフルテキストが表示されるリンキングシステムが登場した。あとは世界中の書誌情報を統合すれば，世界の書物に到達するシステムが完成する。これをめざしているのがディスカバリサービスである（飯野, 2016）。

　ディスカバリサービスは当初，次世代 OPAC という名前で登場した。次世代 OPAC は紙媒体の資料だけでなく，電子情報資源をも横断的に検索でき，フルテキストへもナビゲートしてくれる新しいタイプの OPAC であると説明された。ところが，OPAC とはもともと図書館の所蔵資料を検索するシステムである。しかし，次世代 OPAC は所蔵資料をはるかに超えたデータを格納している。そこで，OPAC の名前はそぐわないと判断され，世界規模の膨大なデータの中から求める資料を発見するという意味のディスカバリサービスという名前になったと思われる。ディスカバリサービスの登場によって，図書館という狭い範囲に限定された資料しか探せなかったものが，世界中の資料を直接探せるようになった。

　目録データはメタデータとして概念を広げ，インターネット上に巨大なメタデータのネットワークを構築し，意味的な検索ができることをめざしたセマンティックウェブの整備が進んでいる。さらに，これまでの情報検索とは異なる情報推薦のような新しい技術も開発された。今後ディスカバリサービスにセマンティックウェブの技術が適用され，利用者の情報要求を意味的に解釈して資料を検索する

次世代ディスカバリサービスが登場するかもしれない。

3 図書館の本質

　ディスカバリサービスの登場によって，世界の書物を把握するまであと少しとなった。図書館サービスとしては大きな飛躍であるといえるが，その反面，数十万冊の資料しか探せない現在の図書館は，資料を探すという意味においては相対的に価値が下がったと言える。また，ディスカバリサービスの検索対象は主として電子ジャーナルや電子書籍などのデジタルコンテンツであるため，わざわざ図書館に足を運ばなくても資料を入手できる。さらに，スマートフォンの普及により，サーチエンジンを日常的に使って情報を入手するのが当たり前になっている。このような状況から，図書館は不要であるという意見が聞かれるようになった。しかし，その一方で，図書館は情報提供の拠点であり，なくてはならないものであるという声もある。どちらの声が正しいのか，デジタル化によって情報へのアクセスが飛躍的に高まった今，図書館が存在する意味を改めて考えなければならない（永田，2016）。

　ここで，図書館の目的を確認してみよう。公共図書館の目的は市民に情報へのアクセスを保証することであり，大学図書館の目的は問題解決のための学習支援と研究支援であり，学校図書館の目的は読書や学びの指導である。館種によって役割が違うが，いずれにしろ単なる情報提供ではないことは明らかである。そこに共通して見出せるのは知識の営みである。人は図書館を利用することで知識を獲得し，考えを進め，意思決定を行い，新しい自分になっていく。知識は人の生活のあらゆる活動において決定的に重要な役割を果たしており，図書館は資料提供を通して人と知識をつないできたのである。

　情報技術の発達によって図書館の役割は相対的に下がったように

見えるが，それは情報提供という限定的な側面にすぎず，図書館の本質である「人々の知識活動を支える」という点を深く掘り下げ，発展させれば，図書館の新しい姿が見えてくる。今後はより知識に焦点をあて，知識はどのように共有されるのか，資料は知識共有にどのような役割を果たすのか，知識共有を促進させる技術は何かといった「知識共有現象」を解き明かす必要がある。これが知識情報学と呼ぶべき今後の図書館情報学の方向である（石井，2011）。

4　ドキュメントによる知識共有現象

　知識情報学の第一歩としてドキュメントによる知識共有現象について考えてみよう。ここまで「書物」，「本」，「図書」，「雑誌」，「文献」，「資料」とさまざまな言い方をしてきたが，本節ではこれらをまとめた抽象概念として「ドキュメント」と呼ぶ。ここではドキュメントを「知識が表現された記録物」と定義する。記録物であるということはメディアの一種である。メディアは一般にキャリアとメッセージから構成される。キャリアとは記録する容器を指し，メッセージは内容を指す。たとえば，図書は紙が容器であり，そこに書かれた内容がメッセージである。電子書籍は，メッセージは変わらないが，容器だけが電子媒体に変わったものである。テレビやラジオは電波が容器となる。

　ドキュメントに書かれたメッセージは「テキスト」と呼ばれ，主としてことばを用いた記号のシステムである（クリステヴァ，1984）。最近は「コンテンツ」という言い方もするが，コンテンツはキャリアとメッセージの区別が曖昧なので，ここではテキストを使う。たとえば，村上春樹の『1Q84』というテキストは，村上春樹が考えたことを日本語で表現したものである。『1Q84』は英語やフランス語でも翻訳によって表現されており，やはり村上春樹の考えたことを表現している。言語は違っていてもテキストとして同じ内容のは

ずである。このように，著者は伝えたいことをテキストとして表現し，読者はテキストから著者の考えを読み取ろうとする。これはテキストを介した著者と読者のコミュニケーションである。しかしながら，著者が意図したことと読者が読み取ったことは必ずしも一致しない。特に文学作品においては一致しないことが普通であり，しかもそれでよいとされる。ところが，科学技術論文においては著者の意図した内容が読者に正確に伝わることが求められる。このように，テキストは読者中心の意味と著者中心の意味の2種類に分けられる。

さて，テキストは記号のシステムと述べたが，記号は記号表現としての物理的状態と記号内容としての心的状態の二面性を有している。物理的状態としてのテキストはメディア上に記録されたものであり，紙の上の黒いシミである。しかし，われわれはその黒いシミを文字として認識し，心の中に意味をもったテキストとして理解する。ここで，前者の物理的状態を外テキスト，後者の心的状態を内テキストと呼んで区別する。テキストというと，外テキストを指しているようにみえるが，実際にわれわれが意識しているのは内テキストのほうである。その証拠にアラビア語で表現された『1Q84』は，大部分の日本人にとっては意味のあるテキストとして理解できないであろう。以下では，特に断らない限り，テキストは内テキストの意味で用いる。

われわれは日常生活のなかで多くのドキュメントを読む。ドキュメントを読むと，テキストが頭の中に取り込まれていく。そして，それは単純に蓄積されるのではなく，すでに読んだテキストと関連づけて解釈され，理解され，そこからまた新しいテキストが生成され，知識空間に投入される。投入されたテキストはそれ単独であるのではなく，他のテキストとの関係性のなかで理解される。たとえば，村上春樹の『1Q84』はジョージ・オーウェルの『1984』との関係性において理解されるかもしれない。このようにわれわれの頭

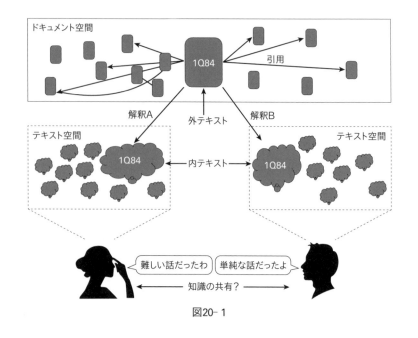

図20-1

の中にはたくさんのテキストがあり、「私」の思考や知識は過去に読んだテキストから構成されているといってよい。

そのため、難しい話だと解釈する人もいれば、単純な話だと理解する人もおり、『1Q84』の知識が両者で同一であるとは言いがたい。科学技術論文においても知識の同一性が保証されない点は同じであるが、意味を厳密に規定した数学記号によって同一であるとみなされる。

このように知識は人から人に直接伝わることはなく、ドキュメントというメディアを介して伝わる（根本, 2013）。ドキュメントはキャリアのうえに外テキストが乗った物理的な存在であるが、同時に内テキストを人から人に伝える機能的な存在でもある。

ドキュメントによる知識共有現象は社会のあらゆるところで観察される（野中, 2003）。個々のコミュニティでの知識共有や異なるコ

ミュニティ間の知識のギャップを埋める際にドキュメントは利用される。図書館においては一見ドキュメントを提供しているだけに見えるが、ドキュメントによって知識共有現象が起きていると考えれば、図書館は知識共有現象の場を提供していると捉えることができる。すなわち、新しい図書館像とは知識共有現象を活性化させる機能と場を持つものと定義できるだろう。

5 未来の図書館

ここまでの議論から未来の図書館像を描き出してみよう。未来の図書館には二つの方向があると思われる。ひとつはユビキタス化、もうひとつはフィールド化である。これはどちらか一方という意味ではなく、両方必要という意味である。図書館は資料を読むための施設ではなく、世界のドキュメントへアクセスする機能であると捉えれば、勉強しているときであろうが、移動中に何かを閃いたときであろうが、生きるうえで苦しいときであろうが、機能としての図書館はどこにでも存在するユビキタス（遍在）な存在であるべきである。具体的には次世代ディスカバリアプリをスマートフォンにインストールし、個人が図書館を丸ごと携帯するようになる。これが未来の図書館のひとつの方向である。

もうひとつの方向はフィールド化である。図書館は知識共有を活性化させる場（フィールド）であると捉えれば、現在の施設から書架をなくし、知識創造を行うための設備や機能を持たせることになる。これは図書館設計が根底から変わることを意味する（益子, 2011）。現在ヨーロッパを中心としてフューチャーセンターという異なる専門の人々が集まって一緒に問題解決するための施設が増えている。このような知識創造を行う場を「ライブラリーフィールド」と呼ぼう。

ではそれぞれをもう少し具体的にイメージしてみよう。まず次世

代ディスカバリアプリであるが，これは第 1 節で述べた Memex の未来版と考えるとよい。これを Memex（memory extender：記憶を拡張するもの）にならって Thinvat（thinking activator：思考を活性化させるもの）と呼ぼう。世界のドキュメントを検索できるのはもちろんであるが，「連想の道筋」にしたがってドキュメントを取り出せることがポイントである。現在の OPAC やディスカバリサービスは誰が検索しても同じ結果しか返らない。Thinvat は，個人の思考ごとに連想の小道が用意されており，思考に追随してドキュメントが表示される。単に検索語に対応するのではなく，文脈まで考慮して検索する。同じ事柄について考えていても，家庭における文脈と仕事場における文脈は異なる。当然のごとく必要なドキュメントも異なる。図 20-1 でいうと，頭の中のテキスト空間の構造を現実世界のドキュメント空間の構造に対応づけることと言ってよい。このように，Thinvat によって，ドキュメントを探すという行為は図書館という場所から完全に解放される。図書館が遠くても，図書館に行く心の余裕がなくても，Thinvat は常に寄り添っている。

ただし，Thinvat ではカバーできないことがある。それは空間特性である。われわれは身体をもった生物であり，環境との相互作用のなかに生きている。空間特性はわれわれの思考や行動に常に干渉している。照明の明るさ，壁や天井の色，流れている音楽。ちょっとした違いでわれわれの気分はがらりと変わる。空間の快適さは知識創造の効率や質にも深く影響していることがさまざまな研究によって確かめられている。

しかし，快適な空間というだけではライブラリーフィールドとは言えない。なぜなら快適な空間は他にもあるからである。では，その空間をライブラリーフィールドたらしめる機能はなんであろうか。それは「人とドキュメントの相互作用」と「人と人の共存在」である。

図書館や書店で本の列を眺めているうちに何かを閃いたという経

験を持つ人は少なくないはずである。本に囲まれること，書架の間を移動することは，人間の思考と身体性にかかわる認知作用を生じさせる。ドキュメントを入手するという意味での書架はもう必要ないが，知識の連鎖を見出し，可視化するという意味での書架は必要である。当然のことながら，普通の書架ではない。最新技術を駆使することによって，さまざまな相互作用を引き起こす，魔法にみえる書架（マジックシェルフ）である（落合，2015）。

　一人でできることには限りがあり，誰かの助けがないと生きていけない。厳しい世の中を渡っていくためには，異なる個性や生き方をする多様な存在者がコミュニティを形成し，互いの価値観を認めあって生きていく共存在を意識することが何より大切である。そこにいるスタッフもこれまでのような受け身の姿勢ではなく，ファシリテーターのように積極的に人と人の知識創造を促進するような役割が求められる（堀，2003）。さらに，人と接するのが苦手な利用者には，人工知能を搭載したロボットファシリテーターやセラピーロボットが有効かもしれない。

　未来の図書館とは，世界の知識を自由に駆使し，人生を豊かにする存在である。

引用・参考文献

飯野勝則『図書館を変える！ウェブスケールディスカバリー入門』出版ニュース社，2016.

石井啓豊「図書館情報学の再規定による知識情報学の展望」『情報管理』vol. 54, no. 7, 2011, pp. 387-399.

落合陽一『魔法の世紀』PLANETS, 2015.

クリステヴァ, ジュリア『記号の生成論』せりか書房, 1984.

永田治樹編著『図書館制度・経営論』日本図書館協会, 2016.

西垣通編著訳『思想としてのパソコン』NTT 出版, 1997.

根本彰編『図書館情報学基礎』（シリーズ図書館情報学 1）東京大学出版会,

2013.

野中郁次郎・紺野登『知識創造の方法論』東洋経済新報社,2003.

堀公俊『問題解決ファシリテーター:「ファシリテーション能力」養成講座』東洋経済新報社,2003.

益子一彦『図書館空間のデザイン:デジタル化社会の知の蓄積』丸善出版,2011.

資料編

　図書館情報学に関連した資格・試験は，以下の7種類に区分できる。

①**図書館業務**　司書，司書教諭，学校司書，IAAL大学図書館業務実務能力認定試験（大学図書館支援機構），認定司書（日本図書館協会），ヘルスサイエンス情報専門員（日本医学図書館協会），経営学検定（日本経営協会）

②**情報検索**　検索技術者検定（情報科学技術協会）

③**情報技術**　ITパスポート試験／情報処理技術者試験（情報処理推進機構）

④**知的財産**　知的財産管理技能検定（知的財産教育協会）

⑤**文書管理**　ファイリング・デザイナー検定／電子ファイリング検定（日本経営協会），文書情報管理士検定（日本文書情報マネジメント協会），テクニカルコミュニケーション技術検定試験（テクニカルコミュニケーター協会）

⑥**博物館・美術館・文書館業務**　学芸員，登録アーキビスト（日本アーカイブズ学会），デジタル・アーキビスト（日本デジタル・アーキビスト資格認定機構），文化財IPMコーディネータ（文化財虫菌害研究所），公文書管理検定（日本経営協会）

⑦**外国語（英語の場合）**　TOEIC（国際ビジネスコミュニケーション協会），TOEFL（Educational Testing Service），英検（日本英語検定協会）

　この資料編では，図書館情報学の伝統的な資格である司書・司書教諭と知識を伝達する専門職として新たに注目を集めているテクニカルコミュニケーターを取り上げ，詳しく解説する。

資料編1

司書になるためには

大 庭 一 郎

　医師になりたい人は，大学の医学部に進学する。本書の読者のなかには，図書館で働くことを希望して，図書館情報学に関心をもった人がいるかもしれない。実際，大学で図書館情報学を専攻する学生には，司書資格を取得し，図書館への就職を希望する者が多い。この資料編1では，図書館の種類，司書資格の取得方法，司書教諭資格の取得方法，図書館情報学を学べる大学，司書の就職先と就職方法，図書館情報学の学びを活かせる職場について，全体像を解説する。

1　図書館の種類

　図書館は，利用対象別にいくつかの種類（館種）に分けることができる。本書の読者は，どの図書館で働くことを希望しているだろうか。利用対象別に図書館を分類すると，以下の6種類に分けられる（岩猿, 1984）。
　①国民全体を対象とする国立図書館（日本の場合は国立国会図書館）
　②地域の一般住民を対象とする公共図書館（公立図書館と一部の私立図書館）
　③小・中・高等学校（特別支援学校を含む）の教職員と児童・生徒を対象とする学校図書館
　④大学，短大の教職員と学生を対象とする大学図書館
　⑤専門分野の利用者を対象とする専門図書館（例：民間企業体の図書館）
　⑥特殊な境遇や環境にある者を対象とする特殊図書館（例：点字図書館，病院図書館，刑務所図書館，など）
　一般に，図書館の専門職員を指す用語として「司書」が広く用いられている。しかし，すべての館種の採用試験で司書資格が求められているわけではない。図書館で働く場合，館種ごとに，採用時に求められる資格や採用試験は異なっている。

2　司書資格の取得方法

　1950（昭和25）年に制定された図書館法は，公立図書館（地方公共団体の設置する図書館）と私立図書館（日本赤十字社，一般社団法人，一般財団法人の設置する図書館）の定義，サービス，職員，設置・運営，国と地方自治体との関係，などを規定している。図書館法第4条は，「図書館に置かれる専門的職員を司書及び司書補と称する」と定め，「司書は，図書館の専門的事務に従事する」こと，「司書補は，司書の職務を助ける」ことを規定し，同法第5条では，司書と司書補になるための資格を定めている（今・小山，2016）。したがって，司書と司書補は，法律上，公立図書館と私立図書館の専門的職員の資格である。しかし，図書館の仕事には，国立図書館，公共図書館，学校図書館，大学図書館，専門図書館，特殊図書館のどの館種の場合も，図書館資料の整理業務や利用者サービスで共通する部分が含まれている。そこで，司書と司書補の資格は，各館種の図書館の専門職員に共通する資格，もしくは図書館の専門職員の資格一般とみなされ，その役割を果たしている（薬袋，2001）。

　司書資格の取得方法は，図書館法と図書館法施行規則によって，複数規定されている（今・小山，2016）。それらは，次の3種類にまとめられる。

①大学・短大の在学中に，文部科学省令で定める図書館に関する科目（24単位）を履修し，大学・短大を卒業する。

②大学・短大または高等専門学校を卒業，もしくは大学に2年以上在学して62単位以上を修得し，文部科学大臣の委嘱を受けて大学が行う司書講習（24単位）を修了する。

③3年以上司書補もしくは司書補の職に相当するものとして図書館に勤務し，司書講習（24単位）を修了する。

　現在，司書資格を取得するには，大学の図書館情報学の専門課程，大学の司書課程，大学の通信教育課程，司書講習といった多様な選択肢がある。2015（平成27）年9月1日現在，司書養成科目を開講している大学は，全国で212大学あり，4年制大学156校（国立9，公立4，私立143），短期大学（部）56校（公立3，私立53）である。この数字には，図書館情報学を主専攻とする専門課程，司書課程，通信教育課程が含まれている（文部科学省ａ，2015）。一方，2016（平成28）年度に司書講習と司書補講習を実施した大学は，

全国で9大学あり，司書講習は9大学，司書補講習は5大学で開講された（文部科学省b，2016）。日本では，司書課程の履修によって毎年1万人近い司書有資格者が誕生しているが，実際に公共図書館に就職する率は約2％程度といわれている（文部科学省生涯学習政策局社会教育課，2007）。現行の司書資格は，図書館に関する科目（24単位）を履修することで取得できる。図書館で働く場合，司書資格の取得は初めの一歩にすぎず，図書館就職後も，自己学習，研修，大学が提供する教育機会（公開講座，科目等履修生，大学院，など）を活用して，各自のスキルアップを図ることが重要である。

3　司書教諭資格の取得方法

1953（昭和28）年に制定された学校図書館法は，学校図書館の定義と役割，設置義務，司書教諭の配置義務，設置者と国の任務，などを規定している。学校図書館法第5条は，「学校には，学校図書館の専門的職務を掌らせるため，司書教諭を置かなければならない」と定めている。さらに，2014（平成26）年6月の学校図書館法改正によって，同法第6条に「学校図書館の運営の改善及び向上を図り，児童又は生徒及び教員による学校図書館の利用の一層の促進に資するため，専ら学校図書館の職務に従事する職員（次項において「学校司書」という。）を置くよう努めなければならない」と規定され，学校司書が法律上に位置づけられた（今・小山，2016）。この結果，学校図書館は，制度上は司書教諭と学校司書の2職種によって経営・運営されることが明確になった。

司書教諭とは，教員免許状をもち，学校図書館司書教諭講習規程による科目（5科目10単位）を修得し，任命権者による司書教諭の発令を受けた教員のことである。司書教諭資格の取得方法は，学校図書館法と学校図書館司書教諭講習規程によって規定されている（今・小山，2016）。講習の受講資格は，次の2種類にまとめられる。

①教育職員免許法に定める小学校，中学校，高等学校もしくは特別支援学校の教諭の免許状を有する者。

②大学に2年以上在学する学生で62単位以上を修得した者。

現在，司書教諭資格を取得するには，大学における司書教諭講習科目の履修，大学の通信教育課程の履修，学校図書館司書教諭講習の受講といった選

択肢がある。2016（平成28）年度に司書教諭講習科目を開講した大学は227大学（文部科学省 c, 2016），2016（平成28）年度に学校図書館司書教諭講習を実施した機関は44機関（43大学，1教育委員会）であった（文部科学省 d, 2016）。なお，学校司書の養成方法は，現在，文部科学省で検討が進められている。

4　図書館情報学を学べる大学

日本では，司書と司書教諭の資格は，大学・短大の司書課程（24単位）・司書教諭課程（10単位），司書講習（24単位），学校図書館司書教諭講習（10単位）を通じて取得されることが多い。一方，アメリカやカナダでは，図書館員の養成は大学院レベルに位置づけられており，アメリカ図書館協会認定の図書館情報学大学院で修士号を取得することが，専門職としての図書館員の基礎資格となっている（大庭，2003）。

日本の図書館情報学の教育機関として，学部に学科・専攻・コースを設置している大学（大学名の五十音順）は，愛知淑徳大学，青山学院大学，大阪教育大学，関西大学，京都大学，慶應義塾大学，駿河台大学，中央大学，筑波大学，鶴見大学，東京学芸大学，東京大学，東洋大学である。一方，図書館情報学関連の修士課程（博士前期課程）を置いている大学（大学名の五十音順）は，愛知淑徳大学，青山学院大学，大阪市立大学，九州大学，京都大学，慶應義塾大学，駿河台大学，中央大学，筑波大学，東京大学，同志社大学であり，これらの多くの課程では，博士課程（博士後期課程）も置かれている（上田・倉田，2013；根本，2013）。

日本の図書館職員養成で一番歴史の長い教育機関は，1921（大正10）年開設の文部省図書館員教習所を起源とする，筑波大学　情報学群　知識情報・図書館学類と筑波大学　大学院　図書館情報メディア研究科（博士前期課程・博士後期課程）である（寺田，2002）。

5　司書の就職先と就職方法

図書館に就職する際，館種ごとに，採用時に求められる資格や採用試験は異なっている。さらに，職員の身分（専任職員，非常勤職員，臨時職員，派遣職

員など）によっても，採用試験の形態は異なってくる。一般に，国立や公立の図書館では，専任職員の採用試験の最初の段階で，公務員試験の教養試験が課されることが多い。近年，図書館業務のアウトソーシング（外部委託）が進展し，民間事業者（企業）が図書館に職員を派遣したり，指定管理者制度の導入で民間事業者が図書館の管理・運営を行う例もみられるようになった。このような場合は，民間事業者（企業）の採用試験を経た者が，図書館で働くことになる。専任職員の採用試験は倍率が高く「狭き門」であるが，図書館情報学を専門的に学んだ者が採用試験を突破する傾向がみられる。ここでは，館種別に専任職員の就職方法を説明する。

①**国立国会図書館（国立図書館）**　職員採用試験は，司書資格なしで受験できる。試験種別で若干の違いがあるが，1次試験（教養試験），2次試験（専門試験，英語試験，小論文試験，人物試験），3次試験（人物試験）を経る必要がある。2次試験の専門試験では，図書館情報学も選択できる。

②**公共図書館（公立図書館）**　司書の採用試験がある場合は，司書有資格者もしくは司書資格取得見込み者が受験できる。地方自治体によって違いがあるが，教養試験，専門試験（図書館情報学），小論文，面接（個別面接・集団討論）を経る必要がある。一方，司書採用の枠がない時は，各地方自治体の事務職採用試験を受験する。都道府県市町村の採用試験で違いがみられるが，教養試験，専門試験（行政関係科目），小論文・作文，面接（個別面接・集団討論）を経る必要がある。

③**学校図書館**　公立の学校図書館で司書を採用する場合は，②の公共図書館と共通，もしくは類似の採用試験が実施される。一方，司書採用の枠がない時は，各地方自治体の事務職採用試験を受験する。②の事務職採用試験と共通，もしくは類似の採用試験が実施される。私立の学校図書館で司書や事務職を採用する場合は，各学校法人の採用試験を経る必要がある。なお，司書教諭の独自採用は，国公私立を問わず少ないため，各校の教員採用試験に合格し教諭の経験を経たうえで，司書教諭に発令されることが一般的である。

④**大学図書館**　国立大学の場合は，国立大学法人等職員採用試験「事務系（図書）」を受験する必要がある。受験資格に司書資格は求めていない。1次試験（教養試験），2次試験（図書館情報学の専門試験，面接）を経る必要がある。公立大学で司書を採用する場合は，②の公共図書館と共通，もしくは類似の採用試験が実施される。一方，公立大学で司書採用の枠がない時は，各地方

自治体の事務職採用試験を受験する。②の事務職採用試験と共通，もしくは類似の採用試験が実施される。私立大学で司書や事務職を採用する場合は，各学校法人の採用試験を経る必要がある。

⑤**専門図書館**　民間企業体所属の専門図書館（企業図書館）の場合は，司書の独自採用が少ないため，各企業の採用試験に合格し，採用後の人事管理の一環で企業図書館の担当に配属されることが一般的である。

⑥**特殊図書館**　点字図書館や病院図書館の場合，館の数や規模の点で採用機会が少ないが，各組織の採用試験を経る必要がある。

6　図書館情報学の学びを活かせる職場

　資料編1の読者は，図書館への就職が「狭き門」であることを知って，落胆したかもしれない。このような状況のなかで，司書資格を取得するために，図書館に関する科目（24単位）を履修することは無意味なことであろうか。

　1975（昭和50）年に，社会学者の加藤秀俊は，『取材学：探求の技法』（中公新書）のなかで，次のような指摘をした（加藤，1975）。

> わたしのかんがえでは，およそ高等教育というものは，学ぶ意志と興味をもったひとりひとりの学生が主体的に知識を探求することを核心にして成立しているものでなければならぬ。そうした知的自立性の確立のためには，あれやこれやの哲学論議も結構だが，まず，どうやって必要な情報を手にいれたらよいか，というきわめて実践的な技法を身につけることがだいじなのではないか（p. ii）。
> 図書館学という学問があって，いくつかの大学にはそういう名まえの講座も設置されてはいる。だが図書館学というのは，図書館ではたらく人びと，とりわけ司書のための学問であって，それはかならずしも図書館の使用者のための学問ではない。（中略）わたしは，すくなくとも，大学，できることなら高校の第一年度に，図書館の実践的使い方についての教課目が組みこまれなければならない，とかんがえている（pp. 37-38）。

　加藤の指摘から42年経過し，インターネットと情報機器の普及が人々の情報行動や生活を大きく変化させた。だが，日本人の図書館に対する理解

(図書館に対するリテラシー)は深まっていない。図書館に関する科目(24単位)のなかには,図書館に対する理解を深め,情報リテラシーを支える基礎が含まれている。司書資格の取得は,図書館で働く際の初めの一歩にすぎないが,図書館で働かない場合でも,司書資格の取得を通じて得られる事柄は,多くの大学生や社会人に有効な知識・技法であるといえる。

それでは,司書資格の取得に留まらず,大学の専門課程で図書館情報学を学ぶ意義はなんであろうか。加藤が記したように,かつての図書館学は司書のための学問であったかもしれない。しかし,現代の図書館情報学は,「情報メディアの集積を社会的知識資源として捉え,その視点から社会における知識共有と,それを実現する情報メディアと社会的仕組みを人間,社会,文化,情報,技術などの多様なアプローチから解明し,設計し,社会に働きかける」学問領域へと発展している(石井,2005)。このように,今日の図書館情報学は,司書になるための学問に限定されているわけではない。

大学の専門課程で図書館情報学を専攻し,「記録による知識共有の重要性」を理解し,「知識共有の技術」を学んだ者は,図書館で働く司書にもなれるが,現代社会のさまざまな職場で「記録による知識共有」を担う人材として幅広く活躍できる。図書館情報学の学びには,高校卒業と同時に大学に入学して専門課程で学ぶ進路だけでなく,3年次編入学,大学院博士前期課程(修士課程)入学,大学院博士後期課程(博士課程)入学のような多様な進路が整備されている。人生のなかで「知識共有とその技術」の学習・探求を思い立ったとき,図書館情報学の学びへの道は,本書のすべての読者に開かれている。

引用・参考文献

石井啓豊「図書館情報学の展望:知識共有の総合科学」筑波大学大学院図書館情報メディア研究科編『図書館情報大学史:25年の記録』筑波大学大学院図書館情報メディア研究科,2005.

岩猿敏生「2.3 図書館の種類」岩猿敏生ほか共編『新・図書館学ハンドブック』雄山閣出版,1984.

上田修一・倉田敬子編著『図書館情報学』勁草書房,2013.

大庭一郎「米国における図書館情報学教育の発展:専門的職務と非専門的職務の区分の観点からみた考察」『季刊文教施設』Vol. 3, No. 1, 2003, pp. 46-50.

加藤秀俊『取材学:探求の技法』(中公新書,410)中央公論社,1975.

今まど子・小山憲司編著『図書館情報学基礎資料』樹村房,2016.

寺田光孝「図書館情報大学八十年略史:前身校を中心にして」図書館情報大学同窓会橘会

八十年記念誌編集委員会編『図書館情報大学同窓会橘会八十年記念誌』図書館情報大学同窓会橘会八十年記念誌編集委員会,2002.
根本彰編『図書館情報学基礎』(シリーズ図書館情報学1)東京大学出版会,2013.
薬袋秀樹『図書館運動は何を残したか:図書館員の専門性』勁草書房,2001.
文部科学省 a 「「司書養成科目開講大学一覧」(平成27年9月1日現在)212大学」〈http://www.mext.go.jp/a_menu/shougai/gakugei/shisyo/04040502.htm〉(2016年10月17日閲覧)
文部科学省 b 「平成28年度司書及び司書補の講習実施大学一覧」〈http://www.mext.go.jp/component/a_menu/education/detail/__icsFiles/afieldfile/2016/03/28/1291933_01.pdf〉(2016年10月17日閲覧)
文部科学省 c 「平成28年度 学校図書館司書教諭講習科目に相当する授業科目の開講等に係る実施予定状況一覧」〈http://www.mext.go.jp/a_menu/shotou/dokusho/sisyo/__icsFiles/afieldfile/2016/02/08/1349638_01_1.pdf〉(2016年10月17日閲覧)
文部科学省 d 「学校図書館司書教諭講習実施要項(平成28年度)」〈http://www.mext.go.jp/b_menu/hakusho/nc/1371153.htm〉(2016年10月17日閲覧)
文部科学省生涯学習政策局社会教育課「図書館職員の資格取得及び研修に関する調査研究報告書(平成19年3月)」〈http://www.mext.go.jp/a_menu/shougai/tosho/houkoku/07090599.htm〉(2016年10月17日閲覧)

資料編2

テクニカルコミュニケーターとは

三波千穂美

あなたは,「情報を伝えるプロフェッショナル」と聞いてどんな人々を思い浮かべるだろうか? 教師? ニュースキャスター? ライター? ジャーナリスト? 広報?……ここでは,思い浮かべる人々はおそらくあまり多くないだろうが,「テクニカルコミュニケーター」と「テクニカルコミュニケーター」が担う「テクニカルコミュニケーション」について紹介する。

1 テクニカルコミュニケーション (TC) とは

おそらく,これを読んでいるあなたは,日常的にスマートフォンを使用したりSNSを利用したりしているだろう。では,その機器やサービスには,「テクニカルコミュニケーション」が必ずかかわっていることをご存知だろうか。

米国のテクニカルコミュニケーション関連団体であるSociety for Technical Communicationは,テクニカルコミュニケーション(以下,TC)を以下のように定義している(Society for Technical Communication)。

TCは幅広い領域である。以下の特徴をひとつ以上示していれば,どのような形態のコミュニケーションでも,それはTCである。

- コンピュータ・ソフト,医療手順あるいは環境規制といった技術的トピックや専門的なトピックについて伝える
- ウェブページ,ヘルプファイル,ソーシャルメディアサイトといった技術を用いて伝える
- そのタスクがどれほど技術的であるか,あるいは,そのコミュニケーションを作成したり配信したりする際に技術が用いられているかに関係なく,何かのやり方についての指示説明を提供する

簡単に言えば,TCとは,専門的な内容や技術的な内容を伝えるコミュニケーション,技術的な方法を使って伝えるコミュニケーション,そして,何かのやり方について説明するためのコミュニケーションといえよう。

現代社会における生活では，さまざまな機器やサービスの利用が欠かせない。しかし，それらを安全に選択し利用するには，その内容や使い方を理解する必要がある。そのためには，それらについて適切なコミュニケーションが行われる必要がある。このコミュニケーションがTCである。すなわち，TCは現代社会において非常に重要な行為であり，それを担う人々は適切なコミュニケーションを行うための能力が必須となる。この，TCを担う人々が「テクニカルコミュニケーター」と呼ばれる。

　ちなみに，昨今，活発に活動が行われている「サイエンスコミュニケーション」は，一般に「科学についての，科学者と科学者でない人々とのコミュニケーション」とされており，内容，対象を限定した「専門的な内容を伝えるコミュニケーション」という意味では，TCに含まれると考えることもできる。

2　TCの現在

　日本でTCが注目されはじめたのは1980年代で，工業製品（主としてコンピュータおよび周辺機器）の取扱説明書・マニュアル制作にTC技術が用いられたことによる。このため，それから1990年代にかけては，マニュアル制作とTCは似たような意味で用いられることが多く，「テクニカルコミュニケーター」はマニュアル制作者の意味で用いられることも多かった。しかし現在では，マニュアル制作はTCにおける大きな活動分野ではあるが，一分野にすぎないとされている。また，「マニュアル」や「取扱説明書」といった名称ではなく，「使用説明」という情報の性質を示す名称を使用することが推奨されるようになった。これらを含めた現在におけるTC環境の変化は，以下のように整理できる（山崎，2013）。

(1)伝達すべき情報の範囲の変化
  ・機器の変化による，使い方や情報だけでない活用促進情報や安全情報の伝達の必要性の増加
  ・市民が知るべき専門情報の増加
(2)伝達媒体の変化
  ・紙からウェブ，PDF，組み込み型，ラベルなどへの変化
(3)媒体作成のツールと技術の変化

- DTP，ウェブ，組み込み型の普及
(4)制作に必要な技能の変化
- 情報収集力・分析力，企画構成力，文章力，ビジュアル表現力に加え，情報アーキテクチャ設計技術，表現設計技術，マーケティング指向のコミュニケーション力，スケジューリング能力など

情報や技術の変化にともないTC環境は変化したわけだが，さらに，国際標準の制定により大きな変化がもたらされた。これまでの使用説明は，紙媒体の取扱説明書に代表されるものだった。しかし2012年に制定された，使用説明に関する国際標準であるIEC82079-1: 2012 (International Electrotechnical Commission, 2012) はそれまでの国際標準とは違い，ウェブなどのデジタル手段での使用説明の提供を奨励している。また，使用説明を取扱説明書に限定せず，カタログやウェブサイト，ラベルや包装，機器内蔵の操作ガイダンスやユーザインタフェースをも含むとしている。さらに，使用説明は，製品使用リスクを最小化すること，製品のターゲットのニーズおよび能力に対応すること，作成はそのための知識・技術を有する専門家によることなどの要求事項を満たしたものであることを要求している。つまり，機器やサービスにかかわるさまざまな情報のさまざまな方法での伝達は専門家が行わなければならない，と国際標準に明記されたのである。国際標準であるIEC82079-1: 2012に準拠していない製品は国際的な流通が行えない可能性があるため，今後の使用説明においてはIEC82079-1: 2012における奨励・定義・要求事項は反映されなければならない。特に上記の要求の3点目の，専門家による使用説明の作成のためには，専門家の養成システムの構築が急がれねばならない。

3 テクニカルコミュニケーターの知識・技術

では，専門家であるテクニカルコミュニケーターには，どのような知識や技術が必須なのだろうか。以下に，日本における専門家育成の取り組みを紹介する。

テクニカルコミュニケーション技術検定試験における知識・技術　日本においてTCの中核的活動を行っている一般財団法人テクニカルコミュニケーター協会（以下，TC協会）は，使用説明制作者養成を目的とした「テクニカ

表1 「2級：使用説明制作実務試験」合格において求められる技術要素（高橋, 2013）

(1)使用説明に関する知識
　　使用説明と制作技術
　　使用説明とは何か
　　使用説明の制作実務
　　伝達のコンテクスト

(2)制作工程で求められる知識と技能
　　使用説明の制作工程
　　情報アーキテクチャーの設計
　　表現設計
　　執筆
　　作図
　　印刷媒体の版下データの作成
　　印刷・製本
　　画面表示データの作成・組込・配付

(3)複数の制作工程に関わる知識と技術
　　カラー表現
　　翻訳と多言語展開
　　品質管理と保守

(4)制作基盤技術とツール活用
　　制作基盤とは
　　フォントと汎用データフォーマット
　　執筆ツール
　　作図ツール
　　レイアウトツールとオーサリングツール
　　翻訳ツール
　　校正支援ツール

(5)付帯技術
　　コンプライアンス
　　社会的配慮
　　標準化と規格
　　認知科学

ルコミュニケーション技術検定試験」（以下「TC技術検定試験」）を1998年から行っている。表1は「2級：使用説明制作実務試験」の合格において求められる技術要素であり，使用説明制作実務者という意味でのテクニカルコミュニケーターがもつべき知識と技術をまとめたものである。

テクニカルコミュニケーター専門課程制度における知識・能力　もうひとつ，TC協会が行っているテクニカルコミュニケーター養成の取り組みが「テク

表2 「基礎となる知識と能力」のリスト

分野		説明	知識と能力	必要単位数
TC基礎		TC（テクニカルコミュニケーション）の全体論	・TCの定義，歴史，適用分野 ・ドキュメントの種類と特徴，基本構成，制作工程 ・テクニカルコミュニケーターとしての職業倫理	2
	制作実習	テクニカルコミュニケーションの応用分野である取扱説明書やその他の説明文書の企画から完成までの実習体験	・「TC基礎」の中での実施，インターンシップ（TC技術を必要とする制作現場での実務体験）など	
情報収集と分析		説明の対象とする物事とユーザーの情報を集め，誰に何をどのように伝えるかを明確にする能力	・情報源の選定：文献，データベース，その他情報源の知識 ・情報収集：インタビュー技術，質問票の作成と調査，ユーザビリティテスト，エスノグラフィー（行動観察） ・分析：タスク分析，ユースケース分析	2
企画・設計		ユーザーに必要な情報を分析し，実現手段を検討して，企画書，設計書，または構成案にまとめる能力	・提供媒体の選定 ・マニュアル体系，サイト構成，分冊構成の検討 ・ペルソナ・シナリオ作成，ストーリー作成 ・ユーザーエクスペリエンス・思考法，課題発見・解決法（ロジカルシンキング，KJ法など） ・インストラクショナルデザイン	2
情報アーキテクチャー		わかりやすさと探しやすさを追求し，媒体やデバイスの特性に応じて表現方法を使い分け，伝達効率を向上し，制作や配布のコストの最適化を実現する技術や知識	・情報工学，プログラミング，データ解析，データベース技術，ネットワーク技術 ・情報の論理構造の理解，文書の構造化，構造化技法・ツール	2
制作管理・ディレクション		マニュアル制作プロジェクトの目標を設定し，品質，制作スケジュール，コストの全てで最適な成果が得られるように制作チームを統率し，各工程でプロジェクトを円滑に進めていく能力	・品質目標，納期，予算設定 ・チームビルディング，制作工程管理，プロジェクト推進 ・品質管理（ユーザー品質，製造品質） ・品質評価とフィードバック	2

	分野	概要	項目	単位
	デザイン・表現設計	さまざまな情報を印刷媒体, 画面表示を使って, 伝達の相手が魅力を感じるように表現する知識や能力（音声や動画を利用した情報伝達も含む）	・ビジュアル表現, レイアウト, 色彩表現（配色） ・グラフィック・デザイン（紙面構成・画面構成） ・エディトリアル・デザイン（フォント, 文字組, 組版） ・Web デザイン ・マルチメディア表現（音声・画像・映像） ・ユニバーサルデザイン	2
		ツール活用	・レイアウトツール ・スタイルガイドの作成	
	ライティング	一般的な実用文（レポート, 連絡文書, 事務的な伝達文書など）を, 日本語で適切に書く能力	・日本語作文技法（文法, 用字用語を含む） ・レポート, 小論文などの作文演習（一般教養レベル） ・テクニカルライティング, パラグラフライティング, ロジカルライティング, コンテクストライティング, トピック指向ライティング ・アウトライン（アウトライン作成と文章化）, サマリー, 要約, 抄録の作成 ・説明文の種類と特性（使用説明, 業務マニュアル, 技術文書, 学術論文, ビジネス文書, 販売情報） ・文章スタイル, 執筆ルール作成, 推敲, 査読, 校正, 校閲, 用語の統一と管理	2
		ツール活用	・エディティングツール	
	英文ライティング	英語の読解力と作文能力（海外市場向けの専門家を目指す場合に重要）	・英文リーディング, 英文ライティング（必須外国語レベル）	2
	ユーザーインターフェイス	人工物と人間の間で, 情報のやりとりや作業を行うための適切な手段を提供するための知識や能力	・認知科学 ・人間の認知特性と UI 設計 ・ユーザビリティ	2
周辺分野	コンプライアンス	テクニカルコミュニケーションで扱われる情報に関する, 権利や義務, 法制度などの知識	・消費者保護, 製品の安全性, 環境保護の関連法規 ・知的財産権 ・情報セキュリティ	
	異文化理解	文化の異なる人々との間で適切にコミュニケーションするための知識や能力	・言語特徴, 外国語との差異, シンボルの文化差	
			合計単位数	18

ニカルコミュニケーター専門課程制度」である。これは，大学の開講科目のうち，TC協会が認定した，テクニカルコミュニケーター専門課程科目を履修し必要単位を修得した学生を，課程修了者として認定する仕組みである。表2は，このテクニカルコミュニケーター専門課程科目の認定に求められる「基礎となる知識と能力」（一般財団法人テクニカルコミュニケーター協会）をまとめたもので，テクニカルコミュニケーターの基盤知識と能力をあげたものである。

その分野は，TC基礎，情報収集と分析，企画・設計，情報アーキテクチャー，制作管理・ディレクション，デザイン・表現設計，ライティング，ユーザーインターフェイス，コンプライアンス，異文化理解となっており，「2級：使用説明制作実務試験」合格において求められる技術要素よりも基盤的な知識と能力があげられている。

テクニカルコミュニケーターは，情報を伝えるプロフェッショナルである。そして同時に，情報のアッパーユーザー，プロユーザーでもある。であれば，TCの知識と技術と親和性の高い図書館情報学を学ぶということは，知識を伝えるプロフェッショナル，情報のアッパーユーザー，プロユーザーとしての能力を獲得することでもあり，その活躍の場は無限に広がっているといえよう。

引用・参考文献
一般財団法人テクニカルコミュニケーター協会「知識と能力のリスト」〈http://www.jtca.org/seminar/tc_02.pdf〉（2014年7月18日閲覧）

三波千穂美・島田能里子・高橋尚子「テクニカルコミュニケーター専門課程制度導入後経過報告」『テクニカルコミュニケーションシンポジウム2014論文集』2014, pp. 10-17.

髙橋尚子「テクニカルコミュニケーションとは？ 使用方法を正しく伝えるために―テクニカルコミュニケーターとしての人材育成」『標準化と品質管理』Vol. 67, No. 1, 2013, pp. 14-17.

山崎敏正「テクニカルコミュニケーションとは？ 使用方法を正しく伝えるために：取説新時代に向けて」『標準化と品質管理』Vol. 67, No. 1, 2013, pp. 2-7.

International Electrotechnical Commission. International standard: preparation of instructions for use. International Electrotechnical Commission, 2012.

Society for Technical Communication. Defining technical communication. 〈http://www.stc.org/about-stc/the-profession-all-about-technical-communication/defining-tc〉（2014年10月18日閲覧）

索　引

頻出する語については，特に重要なページのみ示している。

アルファベット

CC　⇒クリエイティブ・コモンズ
DC（ダブリン・コア）　163-165
FRBR（Functional Requirements for Bibliographic Records）　185
IL　123, 125, 126, 131
ISBD（International Standard Bibliographic Description）　158, 161-163
ISPモデル　127-129
LOD（Linked Open Data）　165, 166, 207, 210, 212
Memex　214, 215, 222
NDLサーチ　180, 181, 183-188, 190
N-gram　187, 188
OCLC（Online Computer Library Center）　208
ONIX　163
OPAC（Online Public Access Catalog）　30, 49, 58, 161, 166, 182, 183, 216, 222
RDF（Resource Description Framework）　165, 166, 204, 205
Unicode　202
URI（Universal Resource Identifier）　206
VIAF（Virtual International Authorities File）　208
Web NDL Authorities　208
XML（Extensible Markup Language）　202, 203, 205, 209
WWW　⇒ワールド・ワイド・ウェブ

あ行

アーカイブズ（学）　168-171, 173
アクセス・ポイント　157-163
アクティブラーニング支援　103, 107, 111
アメリカ議会図書館分類法　150, 152, 153
アレクサンドリア図書館　4
委託制　18, 19
移動図書館　⇒ブックモービル
インデックス　⇒索引
インフォメーション・リテラシー　⇒IL
ヴァネヴァー・ブッシュ　214
延滞　49-51
オープンアクセス　29
オープンデータ　209, 210
オントロジー　165, 206
オンライン目録　⇒OPAC

か行

開架式　38, 67
外在主義　139, 140, 144
階層構造（分類法）　151-154
学術情報基盤　25, 30
学術論文　25, 28, 29, 181
貸出記録/貸出履歴　51, 193-195
学校司書　68, 70, 71, 74, 75, 225, 228, 229
学校図書館　67-76, 125, 130, 226, 228, 230
学校図書館支援センター　70, 71
学校図書館法　68, 74, 228

索引　241

活字　7, 14, 15, 172
活版印刷術　7-9, 14
紙　3, 6, 7, 13-16, 20, 169, 172, 218, 219
カリマコス　4
巻子本　4, 5
機関リポジトリ　29, 30, 58, 62, 65
記述　⇒書誌記述
協調フィルタリング　193, 198
郷土資料　171, 183
禁帯出　47, 48
鎖付き本　9
グーテンベルク　7, 14
グラビア印刷　15
クリエイティブ・コモンズ（Creative Commons：CC）　210
形態素解析　187, 188
言語論的転回　141-143
検索　158-161, 166, 180-183, 186-191, 195, 196
検索エンジン　181, 182, 189, 209
件名分類法　⇒主題分類法
公共図書館　10, 46-55, 78, 86, 92, 102, 113, 114, 119, 226, 227, 230
公立図書館　9-11, 46, 78-80, 226, 227, 230
国際十進分類法　153
国際標準書誌記述　⇒ ISBD
国立公文書館　39
国立国会図書館　39, 180, 195, 207, 208, 215, 226, 230
国立国会図書館件名典拠　208
国立国会図書館サーチ　⇒ＮＤＬサーチ
国立国会図書館名称典拠　208
古書　20, 42
コデックス　5
古文書　171
コロン分類法　151, 153

コンピュータ目録　⇒ OPAC

さ行

再販制（再販売価格維持制度）　18, 19, 21
蔡倫　6
索引　5, 161, 166, 180, 186-188, 196
サーチ・エンジン　⇒検索エンジン
雑誌の危機（Serials crisis）　29
冊子本　5
酸性紙問題　172
シェアードプリント　59
司書教諭　68, 70-72, 74, 75, 225, 226, 228-230
司書教諭資格　75, 226, 228
司書資格　32, 226-228, 230-232
『市民の図書館』　46, 50
修道院図書館　7, 8
種子　48
主題分類法　151, 153
十進分類法　⇒国際十進分類法, デューイ式十進分類法, 日本十進分類法
出版社　12, 13, 16-19, 21, 29, 65, 183, 195, 207, 208
生涯学習　69, 70, 78, 108, 125, 126, 131
上製本　16
情報活用能力　126
情報探索プロセスモデル　⇒ ISP モデル
情報リテラシー　125, 126, 232
書誌　35, 47, 161, 193-195
書誌記述　156-163, 166
書誌コントロール　43, 160-163, 166, 211
書誌情報　156, 157, 160-164, 166, 175, 180, 195, 197, 207, 209, 211, 216
書誌調整　⇒書誌コントロール
書誌データ　⇒書誌情報
書誌同定　183, 184, 188

書誌分類法　151, 153
書誌レコードの機能要件　⇒ FRBR
資料分類法　148, 150-154
製紙(法)　6, 7, 13
世界の記憶(ユネスコ)　175
セマンティック(・)ウェブ　164-166, 201-204, 206, 212, 216
セマンティック・リンク　165
セレンディピティ　109, 111, 192
全域サービス　46, 53, 54
選書　52, 53, 57, 58
専門職(員)　10, 33, 34, 41, 91, 96, 226, 227, 229
蔵書構築　52
装丁者　12
ソーシャルリーディング　195, 196, 199

た行

大学図書館　9, 23-25, 57-66, 81-86, 103, 198, 226, 227, 230
大学図書館政策　82
ダブリン・コア　⇒ DC
ダブリン・コア・メタデータ・エレメント・セット　⇒ DC
知識　23, 33, 35, 104, 115, 136-146, 148, 151-156, 173, 176, 201, 206, 211, 214, 217-221, 223, 231, 232, 240
知識共有現象　218, 220, 221
竹簡　6
『中小都市における公共図書館の運営』　⇒ 中小レポート
中小レポート　46, 51
著作同定　183-186
帝国図書館　39
ディスカバリ(・)サービス　30, 166, 215-217, 222
ティム・バーナーズ=リー　201, 212
デジタルアーカイブ　95, 170

デューイ十進分類法　148-150, 152, 153
展開分類法　150, 152, 153
電子ジャーナル　25, 26, 58, 59, 62, 215, 217　⇒ 雑誌の危機
電子書籍　16, 20-22, 25, 28, 54, 55, 58, 191, 195, 196, 215, 217, 218
統制語(彙)　159, 161, 166, 201, 202
動的分類　154, 155
督促　50, 51
図書館学　32, 34, 36, 38, 39, 41, 42, 229, 231, 232
図書館建築　102, 103, 110, 111
図書館情報学　32-43, 55, 76, 156-158, 166, 173, 211, 218, 226-232, 240
　―――(欧州)　36
　―――(日本)　38
　―――(米国)　34
図書館情報大学　41
図書館政策　77, 85
図書館の権利宣言　97
図書館の設置及び運営上の望ましい基準　78
取次　13, 16, 17, 21

な行

内閣文庫　39
内在主義　139, 140
日本十進分類法　146, 148, 150-152
日本図書館学校　41
粘土板　3, 21, 169

は行

博物館　10, 35, 42, 68, 168, 170, 173-175, 177, 178, 225
ハードカバー　⇒ 上製本
場としての図書館　55, 195
パピルス　4-6, 169
ピナケス　4

非文字資料　175, 176
『百科全書』　147
フィールド化　221
ブックモービル　41, 53, 54
フランス方式　147
プロフェッショナル　⇒専門職
文書館　37, 39, 131, 168-171, 177, 178, 225
分類　4, 12, 35, 68, 146-149, 154, 155, 158-160, 173, 174
米国図書館協会　10, 125
平版　14, 15
ベーコン　147-149
ページランク　181, 182, 190
返却　49, 50
編集　12
返品条件つき買取　18
ボストン公立図書館　10

ま行

マイクロデータ　209
マイクロフォーマット　209
見はからい本　53
武蔵野プレイス　108-111
無線綴じ　16
名辞化　⇒命名
命名　176, 177

メタデータ　161-166, 207, 209, 216
メタデータ・レジストリ　164, 165
目録　30, 156, 158, 161, 173, 176, 185, 186, 216
文字・活字文化振興法　68
木簡　6
モノの図書館　48
紅葉山文庫　39

や行

羊皮紙　4-8
予約　48-50, 52, 53
ユビキタス化　221

ら行

駱駝の図書館　2
ラーニングコモンズ　26, 27, 30, 59, 62, 84, 103, 104, 106, 108, 111
リクエスト　49, 52
リブライズ　197, 198
リンクト・オープン・データ　⇒LOD
レファレンスサービス　60, 70, 80

わ行

和紙　6, 21, 172
ワールド・ワイド・ウェブ（World Wide Web：WWW）　201, 214

執筆者紹介

執筆順，＊は編集委員

呑海沙織（どんかい さおり） 1章
筑波大学副学長・附属学校教育局教育長，図書館情報メディア系教授。博士（創造都市）。専門は図書館情報学，知識情報基盤，高齢者サービス。共編著に『図書館及び図書館史』（日本図書館協会），『高齢社会につなぐ図書館の役割：高齢者の知的欲求と余暇を受け入れる試み』（学文社）など。

永江 朗（ながえ あきら） 2章
ライター，書評家。専門は出版文化，哲学。著書に『小さな出版社のつくり方』（猿江商會），『「本が売れない」というけれど』（ポプラ新書），『筑摩書房 それからの40年』（筑摩選書）など。

＊**逸村 裕**（いつむら ひろし） 3章
筑波大学名誉教授。文学修士。専門は図書館情報学，学術情報流通。共編著に『デジタルアーカイブの資料基盤と開発技法：記録遺産学への視点』（晃洋書房），『変わりゆく大学図書館』（勁草書房）など。

根本 彰（ねもと あきら） 4章
東京大学名誉教授。博士（図書・情報学）。専門は図書館情報学，教育学。著書に，『文献世界の構造』（勁草書房），『教育改革のための学校図書館』（東京大学出版会），『アーカイブの思想』（みすず書房）など。

池内 淳（いけうち あつし） 5章
筑波大学図書館情報メディア系准教授。文学修士。専門は，図書館情報学，公共図書館政策。共著に『図書館制度・経営論』（日本図書館協会）など。

中山伸一（なかやま しんいち） 6章
筑波大学名誉教授。博士（学術）。専門は応用情報学。共編著に『情報メディアの活用と展開 改訂版』（青弓社）など。

加藤信哉（かとう しんや） 6章
元国際教養大学特任教授兼国際教養大学中嶋記念図書館長。専門は図書館情報学，大学図書館運営。共編著に『電子書籍と電子ジャーナル』（勉誠出版），共編訳に『ラーニング・コモンズ：大学図書館の新しいかたち』（勁草書房）など。

平久江祐司（ひらくえ ゆうじ） 7章
元筑波大学図書館情報メディア系教授。修士（教育学，図書館情報学）。専門は図書館情報学，学校図書館。共編著に『学校図書館メディアセンター論の構築に向けて：学校図書館の理論と実践』（勉誠出版），『司書教諭・学校司書のための学校図書館必携：理論と実践』（悠光堂）など。

溝上智恵子（みぞうえ ちえこ） 8章
筑波大学名誉教授。博士（政治学）。専門は高等教育政策。共編著に『世界のラーニング・コモンズ：大学教育と「学び」の空間モデル』（樹村房），『高齢社会につなぐ図書館の役割：高齢者の知的欲求と余暇を受け入れる試み』（学文社）など。

毛利るみこ（もうり るみこ） 8章
元筑波大学図書館情報学メディア系准教授。修士（教育学）。専門は社会教育行政。著書に『国及び地方公共団体における図書館政策の現状と課題』（筑波大学）。

吉田右子（よしだ ゆうこ） 9章
筑波大学図書館情報メディア系教授。博士（教育学）。専門は図書館情報学，公共図書館論。著書に『メディアとしての図書館：アメリカ公共図書館論の展開』（日本図書館協会），『デンマークのにぎやかな公共図書館：平等・共有・セルフヘルプを実現する場所』（新評論）。

三森 弘（みつもり ひろし） 10章
名古屋大学 施設・環境計画推進室 講師。博士（デザイン学）。専門は建築・都市計画。受賞歴に日本都市計画学会学会賞（論文奨励賞），日本建築学会奨励賞など。

松林麻実子（まつばやし まみこ）　11章
筑波大学図書館情報メディア系講師。専門は図書館情報学，情報行動，学術コミュニケーション。共著に『図書館情報学』（勁草書房）など。

鈴木佳苗（すずき かなえ）　12章
筑波大学図書館情報メディア系教授。専門は社会心理学，教育工学。共著に『児童サービス論』（樹村房），共著に『メディアと人間の発達』（学文社）など。

横山幹子（よこやま みきこ）　13章
筑波大学図書館情報メディア系准教授。博士（人文科学）。専門は哲学，図書館情報学，知識論。共訳に『心は機械で作れるか』（勁草書房），論文に「哲学と図書館情報学の関係：図書館情報学における哲学に関する英語論文をもとに」（Library and Information Science）など。

緑川信之（みどりかわ のぶゆき）　14章
筑波大学名誉教授。博士（図書館情報学）。専門は分類論。単著に『本を分類する』（勁草書房），共著に『知識資源のメタデータ 第2版』（勁草書房）など。

＊田窪直規（たくぼ なおき）　15章
近畿大学司書課程担当教授。博士（図書館情報学）。専門は図書館情報学など。共編著に『改訂 情報資源組織論』（樹村房），監訳に『博物館ドキュメンテーション入門』（勁草書房）など。

白井哲哉（しらい てつや）　16章
筑波大学図書館情報メディア系教授。博士（史学）。専門は日本アーカイブズ学，16-20世紀の日本地域史学。著書に『日本近世地誌編纂史研究』（思文閣出版），共編著に『地域の記録と記憶を問い直す』（八木書店）など。

水嶋英治（みずしま えいじ）　16章
長崎歴史文化博物館館長，元筑波大学図書館情報メディア系教授。博士（世界遺産学）。専門は博物館学。編著に『デジタルアーカイブの資料基盤と開発技法：記録遺産学への視点』（晃洋書房）など。

＊原田隆史（はらだ たかし）　17章
同志社大学免許資格課程センター教授兼同志社大学大学院総合政策科学研究科教授，国立国会図書館非常勤調査員。工学修士，文学修士。専門は，図書館情報学，図書館システム，情報システム。共編著に『図書館情報技術論』（樹村房）など。

関 洋平（せき ようへい）　18章
筑波大学図書館情報メディア系准教授。博士（情報学）。専門は自然言語処理，情報アクセス，コミュニケーション理解。共編著に『コーパスと自然言語処理』（朝倉書店）など。

高久雅生（たかく まさお）　19章
筑波大学図書館情報メディア系准教授。博士（情報学）。専門は情報検索，電子図書館，情報探索行動。共編著に『情報アクセスの新たな展開』（勉誠出版）など。

＊宇陀則彦（うだ のりひこ）　20章
筑波大学図書館情報メディア系教授。博士（工学）。専門は知識情報学，デジタルライブラリ。共編著に『図書館制度・経営論』（日本図書館協会），『世界のラーニング・コモンズ：大学教育と「学び」の空間モデル』（樹村房）など。

大庭一郎（おおば いちろう）　資料編1
筑波大学図書館情報メディア系講師。修士（図書館情報学）。専門は図書館情報学，図書館職員の人的資源管理，図書館の情報サービス。共著に『図書館情報学の創造的再構築』（勉誠出版），『情報サービス論』（樹村房）など。

三波千穂美（さんなみ ちほみ）資料編2
元筑波大学図書館情報メディア系講師。文学修士。専門は図書館情報学，テクニカルコミュニケーション。共著に『研究者・学生のためのテクニカルライティング：事実と技術のつたえ方』（みみずく舎）など。

図書館情報学を学ぶ人のために

2017年4月30日　第1刷発行	定価はカバーに表示しています
2024年6月11日　第5刷発行	

	逸村　裕
編者	田窪直規
	原田隆史
発行者	上原寿明

世界思想社

京都市左京区岩倉南桑原町56　〒606-0031
電話　075(721)6500
振替　01000-6-2908
http://sekaishisosha.jp/

© H. Itsumura N. Takubo & T. Harada 2017　Printed in Japan

落丁・乱丁本はお取替えいたします。　　　　　　　　　（印刷 太洋社）

JCOPY 〈(社) 出版者著作権管理機構 委託出版物〉
本書の無断複写は著作権法上での例外を除き禁じられています。複写される場合は、そのつど事前に、(社) 出版者著作権管理機構（電話 03-5244-5088 FAX 03-5244-5089　e-mail: info@jcopy.or.jp）の許諾を得てください。

ISBN978-4-7907-1695-2

『図書館情報学を学ぶ人のために』の読者にお薦めの本

読書教育を学ぶ人のために
山元隆春 編

いつも、読みかけの本を。そばに。本と子どもを愛するすべての人びとの必携書。交わる、出会う、引き出す、ひたらせる、ひらく、交流する、伸ばす。本との取り組み方・付き合い方をサポートし、読み、考え、発見する読書教育をデザインする。
本体価格 2,300 円（税別）

日本書誌学を学ぶ人のために
廣庭基介・長友千代治

伝統的で多種多様な和本の調査には相応の知識と技術を必要とする。その手がかりを得るため図版に基づきわかりやすく解説した初めて通読できる書誌学の本。〇書誌学とは何か／書物の歴史と形態／書物の種類／書物の大きさ／書物の各部位の名称
本体価格 1,900 円（税別）

メディア教育宣言　デジタル社会をどう生きるか
デビッド・バッキンガム 著／水越伸 監訳

メディア・リテラシーをアップデートせよ！「スマホの悪影響から子供を守る」は正解じゃない。ソーシャル・メディア、フェイクニュース、プラットフォーム資本主義の時代にこそ批判的思考を。新時代の批判的思考と実践力を身につける！
本体価格 1,800 円（税別）

賀茂川コミュニケーション塾　ビブリオバトルから人工知能まで
谷口忠大

ビブリオバトルって何？ コミュニケーションするロボットは創れる？ ビブリオバトルの考案者にして人工知能の研究者である著者が、教授と高校生の対話によるライトノベル形式でコミュニケーションの新しい視点を伝える入門書。
本体価格 1,700 円（税別）

定価は、2024 年 6 月現在